전남대학교 동아시아연구소 총서 ⑤

中國文學與華文文學

전남대학교 동아시아연구소 총서 ⑤

中國文學與華文文學

인 쇄 | 2020년 12월 21일
발 행 | 2020년 12월 24일

저 자 | 엄영욱 · 왕영려 · 서진
발행인 | 정병석
발행처 | 전남대학교출판문화원

등록 | 1981. 5. 21. 제53호
주소 | 61186 광주광역시 북구 용봉로 77
전화 | (062) 530-0571~2 마케팅 530-0573
팩스 | (062) 530-0579
홈페이지 | http://www.cnup.co.kr
이메일 | cnup0571@hanmail.net

값 11,000원

ISBN 978-89-6849-759-9 (93820)

이 도서의 국립중앙도서관 출판예정도서목록(CIP)은
서지정보유통지원시스템 홈페이지(http://seoji.nl.go.kr)와
국가자료종합목록 구축시스템(http://kolis-net.nl.go.kr)에서 이용하실 수 있습니다.
(CIP제어번호 : CIP2020054195)

전남대학교 동아시아연구소 총서 •⑤•

中國文學與華文文學

嚴英旭 · 王英麗 · 徐臻 共著

전남대학교출판문화원

"Diaspora"来自希腊语，意为"分散"或"离散"。起初，是指被强制流放至巴比伦的犹太人；此后这一用语逐渐指代因奴隶制度而引发的大规模人口分散；时至今日，甚至广泛适用于指代离开本国移居他国的所有移民的生活方式。移居者将处于双语、离散者、多文化的背景之下，在追求自我认同性、对故国的乡愁、文化的混种性、异国的差别和排斥等语境下，获得的Diaspora认同感。华人文学就是指那些脱离民族国家领土的移居者的文学。

19世纪末以来，人类社会经历了空前绝後的大灾难。殖民主义侵略、两次世界大战、冷战时期发生在苏联与东欧国家的对知识分子的迫害等事件，在世界范围内掀起了前所未有的移民大潮。另外，世界经济全球化造成了资本与人力的国际性流动。漫漫历史长河中，移民潮不断涌来，人们在回首历史，探索人类社会与文明，触摸人性脉络的过程中移民文学受到关注。综合作家身份及阅历，作品主题等多个角度来看，21世纪初的诺贝尔文学奖集中授予给了移民文学。比如高行健(2000年)，维·苏·奈保尔(2001年)，凯尔泰斯·伊姆雷(2002年)，约翰·马克斯韦尔·库切(2003年)，多丽丝·莱辛(2007年)，赫塔·缪勒(2009年)等。作为文学家，上述作家在生存方式或创作主题上有一个显著的共同点，那就是移民，他们的个体生命与文学生命都源於移民。周怡将高行健归类为"个体移民"(赫塔·穆勒也与其相似，她在1987年为躲避祖国罗马尼亚独裁体制的迫害而亡命德国)，将奈保尔归类为殖民主义历史背景下被奴役者的移民。脱离民族、国家、领土的这些移民者在祖国与定居国之间经历著民族的、语言的、文化的冲突碰撞与自我认同的混乱,并作为边缘人、异乡人、少数者、离散移民者而存在。他们生活在异语言、异文化的社会中，在寻找自我、怀念故土、文化混合、本土歧视与排斥的语境中，有了一种作为离散移民者的特殊自我认同，而这种特质也反映在他们的文学作品中，在此我们视其为移民文学的一种自我认同感。

随着世界史和文学史的发展脉络，中国文学也发生了变化。在20世纪这一动荡的时代，无论是他意还是自意，离开原乡，漂泊他乡的华人(华侨)用自己的语言(汉语)创作文学作品，并逐渐进入中国大陆的视野，受到关注。这就是华人华文文学。

华人华文文学是指华人(华侨)用华文(中文)创作的文学。这里的华人是指称长期居住在中国以外地区的汉族(事实上还包括被汉族同化的中国少数民族)或政治流亡的中国人。中国大陆学者提出的"世界华文文学"在理论上指的是在世界范围内使用华文创作的中国文学。但实际上规避了台湾、香港、澳门的文学。

本书是对分散的华侨在世界各国的作品进行分析后得出的结果。中国大陆学者不把台湾、香港、澳门视为华人文学，但在本书中，笔者作为外国学者，将这些包含了在华人文学的范畴内。因此，在本书第1章"Diaspora"文学和中国文学的扩大，中国诺贝尔文学奖最早的作家高行健高行健和奈保尔、在日作家 金史良、张赫宙，朝鲜族作家金学哲和约翰·马克斯韦尔·库切;在第2章里曾在北美活动的严歌苓和张翎,在第3章里分析了台湾作家白灵、路寒袖、香港作家陈勇的作品。改为：描写了华人最早诺贝尔文学奖获得者高行健和奈保尔、在日作家金史良、张赫宙,朝鲜族作家金学哲和约翰·马克斯韦尔·库切;在第2章里曾在北美活动的严歌苓和张翎,在第3章里分析了台湾作家白灵、路寒袖的作品。

目次

Ⅰ. 中国文学与其外延扩张

Ⅱ. 北美华文文学

Ⅲ. 台湾，香港的华文文学

I

中国文学与其外延扩张

移民文学的认同感研究
— 以奈保尔与高行健为例

Ⅰ. 绪论

人类社会在进入20世纪以来迎来了空前绝後的大灾难。殖民主义侵略、两次世界大战、冷战时期发生在苏联与东欧国家的对知识分子的迫害等事件在世界范围内掀起了前所未有的移民大潮。另外，世界经济全球化造成了资本与人力的国际性流动。漫漫历史长河中，移民潮不断涌来，人们在回首历史，探索人类社会与文明，触摸人性脉络的过程中移民文学受到关注。综合作家身份及阅历，作品主题等多个角度来看，21世纪初的诺贝尔文学奖集中授予给了移民文学。比如高行健(2000年)[1]，维·苏·奈保尔(2001年)[2]，凯尔泰斯·伊姆雷(2002年)，约

1 韩国国内高行健研究：李旭渊，《华人华侨及高行健的文学》，中国语文学志；姜鲸求，《对高行健诺贝尔文学奖的中国式诠释》，中国语文学，第45辑；赵宪章，《〈灵山〉文体分析》，中国文学及东亚文学国际学术资料集，2002.12 等. 国外研究论文：赵毅衡《导读：渡子之歌--高行健小说选序》，香港：香港明报出版社，1999；李春霞，陈昭容，《解读〈灵山〉》，河西学院学报，第19卷，第四期，2002.11.25.; 周怡，＜诺贝尔关

翰·马克斯韦尔·库切(2003年), 多丽丝·莱辛(2007年), 赫塔·缪勒(2009年)等。作为文学家, 上述作家在生存方式或创作主题上有一个显著的共同点, 那就是移民, 他们的个体生命与文学生命都源於移民。周怡将高行健归类为"个体移民"(赫塔·穆勒也与其相似, 她在1987年为躲避祖国罗马尼亚独裁体制的迫害而亡命德国), 将奈保尔归类为殖民主义历史背景下被奴役者的移民。[3] 脱离民族、国家、领土的这些移民者在祖国与定居国之间经历著民族的、语言的、文化的冲突碰撞与自我认同的混乱,并作为边缘人、异乡人、少数者、离散移民者而存在。他们生活在异语言、异文化的社会中, 在寻找自我、怀念故土、文化混合、本土歧视与排斥的语境中, 有了一种作为离散移民者的特殊自我认同, 而这种特质也反映在他们的文学作品中, 在此我们视其为移民文学的一种自我认同感。

注的文学主题 : 移民与回归>, 《文史哲》, 2005年, 第一期, 2005.01. 26 等数百篇。

2 韩国的奈保尔研究 : 吴恩英(Eunyoung Oh) 《奈保尔〈毕斯华斯先生的房子〉中殖民地特立尼达的再现》, 韩国现代英美小说学会, 《现代英美小说》 23卷1号. 2016, 2 ; 李熙求(Suk Koo Rhee)〈奈保尔的'客观展望'及疏漏的罪〉, 韩国现代英美小说学会, 《里与外》, 17卷1号. 2004 ; 王哲(Chull Wang)奈保尔及康拉德的对话关系 : 〈水仙号上的黑水手〉与〈黑暗的心〉呈现的非洲印象》, 韩国现代英美小说学会, 《现代英美小说》11卷1号. 2004 等十余篇。

3 周怡, 《诺贝尔关注的文学主题 : 移民与回归》, 《文史哲》, 2005年 第1期(第286期)。

当高行健获得2000年诺贝尔文学奖的消息传入中国後，中国国内外随即掀起一场热议。这些议论包括谈论诺贝尔文学奖的政治色彩，高行健与其他中国作家的文学水平的比较，中国文学的境界等，莫衷一是。[4] 接著，奈保尔紧随其後，获得了2001年诺贝尔文学奖，“西印度群岛出身作家”、“第三世界的索尔仁尼琴”、“新生第三世界的旗手”、“新殖民主义凶手”等各种评价也纷至沓来。因为奈保尔的作品涉及美国发动的打击阿富汗塔利班组织的反恐战争，所以也有人质疑奈保尔的诺贝尔奖暗含政治意图。

本文将脱离上述争论，著眼于对奈保尔与高行健两位作家本人及其代表作品的研究，试论移民文学的认同感。同时本文在研究两位移民文学家及其作品的认同感，以他们同为边缘人的视角来发掘移民文学的内在异同点的同时，试图从中探知21世纪移民文学在未来的多样性发展趋向。

Ⅱ. 两位作家的文学作品及认同感

1. 奈保尔与《毕斯华斯先生的房子》

奈保尔1932年8月17日出生于中美洲乌拉圭西南部的城市特立尼达和多巴哥，英籍印裔作家。20世纪初，奈保尔的祖父

4 姜鲸求，《对高行健诺贝尔文学的中国式诠释》，《中国语文学》，第45辑. 2005. 2。

由印度移民至此。奈保尔的父亲是受过英国殖民教育的记者、作家。1950年奈保尔高中毕业，获得英国政府的奖学金从而进入牛津大学学习，大学毕业後曾在英国BBC电视台做记者，後专门从事文学创作。

奈保尔虽然生活在英国，但作为被殖民者的後裔，英国的文化氛围显然无法满足他寻根的愿望。因此，自20世纪60年代初起，他开始周游世界。他游历过南美洲、北美洲、中东以及亚洲等不同的国家和地区。这些游历大大拓宽了奈保尔的视野，他亲眼目睹了社会现实，以为远方除了遥远一无所有。奈保尔的漂泊生活告诉我们，移民者永远无法完全融入他们所处的异文化之中，对他们来说，文化的隔阂与疏离是永远存在的。

奈保尔被称为"世界作家"，而其本人则自称为"世界公民"。正如其他移民作家一般，他找不到自身的文化归宿。这从奈保尔的作品中也能一窥端倪。奈保尔作品中的人物经常将"我的世界"和"他们的世界"区分开来，比如他的第四部小说《毕司沃斯先生的房子》，他对真实事件的文学加工超越了戏剧化与讽喻的水平，这些真实事件是他对自己幼年时期经历的详细记录，表达了他对父亲——这一白手起家历经千辛万苦的二代移民者的尊敬。这部小说使奈保尔第一次广为人知，得到了文学界的认可，作品被媒体选入"20世纪百部小说"。小说以一个悲观年轻人的嘲讽口吻刻画了一位困境中想拥有自己的房子，努力养家糊口的一家之长——一位略知羞耻又一无是处的父亲形象。小说以轻快幽默的语调刻画了悲惨的现实。[5]

毕司沃斯先生出生在一个贫困的家庭，他早年丧父、命运多舛，虽然对文学深感兴趣，但所受教育不多。毕司沃斯先生个头瘦小，因为身份是婆罗门阶级，所以刚刚成年便稀里糊涂地娶了妻子，入赘到富有的图西家族。从结婚搬进哈努曼大宅的第一天起，毕司沃斯先生就後悔不已，一心一意想要带著家人搬出去住。他省吃俭用,千方百计要建一所哪怕窄小却能让家人安身立命的房子，但这个单纯而又强烈的愿望却难以实现。

这里的"房子"已超越了单纯的住所的意义，象徵了毕司沃斯先生一直寻求的"自己的世界"。另外，毕司沃斯先生对"家"的执著与我们所持有的"家"的观念是不同的。对一个自幼丧父，亲人离散，35年里没有一个可以称之为"家"的地方，长期过著异乡人生活的毕司沃斯先生来说，拥有自己的房子已不单单意味著拥有一个住所，也是对"我"的存在的证明，是"我"找到"我"存在位置的证明。毕司沃斯先生对"房子"的执念体现了在不能容纳异乡人个体性存在的旧社会体制下，在英国殖民主义、美国资本主义统治下移民者寻找自我与独立的强烈愿望。

"特立尼达的印度人"、"英国的特立尼达人"、"脱殖民主义的

5 奈保尔 著·余珺珉 译,《毕司沃斯先生的房子》，海口：南海出版公司，2015年。

知识分子"、"无根的外乡人"，带著诸多复杂身份周游世界的奈保尔以独特敏锐的观察力审视著摆脱殖民主义后的第三世界国家社会，他的作品流露出忧伤的幽默，揭露了残酷的现实。奈保尔通过对毕司沃斯这一脱殖民主义时代文化受害者的典型人物的刻画，使我们能透过他的经历看到历史罪恶的延续性。同时他也写出了移民者的困境和作为异乡人的那种对本地土著人及其文化、生活的疏离感。

> "他们不能说英语，但对他们生活在其上的土地又不感兴趣；他们来只是为了住一小段时间，结果留得比他们预料的要久。他们总是谈论著回到印度，可是当机会来临时，许多人又拒绝了，他们害怕未知的事物，害怕离开那熟悉的临时性。"[6]

在西印度殖民地长大的印裔少年，在法语环境中接受英语教育的青年，定居英国的西印度作家，周游第三世界国家的西式知识分子，这一系列复杂身份使他永远不能摆脱作为一个异乡人的疏离感。即使奈保尔已获得英国骑士爵位，也不能代表少数族裔或脱殖民的作家们已融入西方主流社会。奈保尔来自印度婆罗门阶层，生活在英国，但从未在故乡、英国或任何一个地方定居，他一直以一个流浪者、局外人的身份去

6 周怡，《诺贝尔关注的文学主题：移民与回归》，《文史哲》，2005年 第1期(第286期)，120。

看待生活，审视文明，同时进行文学创作。

2. 奈保尔的创作与认同感

作为离开英国殖民地印度，到另一殖民地特立尼达岛的移民後裔，奈保尔在《到达之谜》中敍述了自己如何在帝国主义的土地上紮根迎来第二次人生，如何第一次“到达”一个可以称之为“家”的地方。[7]

《到达之谜》的主人公在每次旅行归来时都感受到“回家的喜悦”，但问题在於：为什麽不停地漂泊？是为了获得回家的喜悦？还是一种“反认他乡做故乡”的心态？主人公自我认同感的模糊反映了作家本人的内心世界。作家与经历过的东西保持距离，才能将其看得更清楚。对於奈保尔来说，只有这种距离，才能使其经历得到地理与历史意义上的，感情与美学意义上的沉淀和升华。奈保尔对世界各地的文化与生活进行了深入的、广泛的观察和研究，对於故土文化，可以说他的这种“爱憎交织的情怀”[8] 恰好反映出了移民文学认同感的一种典型特性。此外，奈保尔一生都很反感自己被贴上西印度群岛出身的标签，为此甚至与一家欲标注他为'西印度群岛作家'的

---

7 奈保尔 著·崔仁子 译，《到达之谜》，首尔：文学与知性社，2015，10。

8 吴恩英(Eunyoung Oh)《奈保尔〈毕司沃斯先生的房子〉中殖民地特立尼达的再现》，韩国现代英美小说学会，《现代英美小说》23卷1号. 2016，2，87。

出版社解约。他在1981年的一次采访中说道："我一生都在为摘掉那个'西印度群岛作家'的帽子而努力，这是我全面拒绝的，因为那不是我"[9]

在对故土与根的强烈否定当中，奈保尔成为一个被失落与虚无占据的流浪者。"因为作者用父亲的魂魄与自己流浪中的孤立与放荡揉和而出的毕司沃斯先生这个人物即为奈保尔自己。"[10] 对奈保尔来说，他缺乏明确的自我认同与归属感。他曾吐露过自己的痛苦："事实上我没有任何读者群。我永远是一个外来者。用一个美国词儿：我永远是一个舶来品。"[11] 他的作品在故乡没有读者，自己又创作不出以特立尼达为背景的地方色彩浓厚的作品。留在故乡，他担心因大众的疏远而导致自我消亡；而留在异国，他又将面临作为一个异乡人的忧患命运，这便是奈保尔的苦恼。离开故土，沉浮於异国他乡，这种空间移动与文学航行正是他的不安所在。无论在印度、特立

9 "I've been breaking away from that tag all my life. It's all the things I reject. It's not me."吴恩英(Eunyoung Oh)《奈保尔〈毕司沃斯先生的房子〉中殖民地特立尼达的再现》，韩国现代英美小说学会，《现代英美小说》23卷，1号. 2016，2，87。

10 吴恩英(Eunyoung Oh)《奈保尔〈毕司沃斯先生的房子〉中殖民地特立尼达的再现》，韩国现代英美小说学会，《现代英美小说》23卷，1号. 2016，2，87。

11 https://site.douban.com/readinglife/widget/notes/319427/note/337552007/ (检索日：2017.9.14.)。

尼达还是英国，找不到安稳感与归属感的他只能在小说世界里寻找他的栖息之地，但这又谈何容易。

> “我开始走上写作之路时对前途茫然无知，只是想写书而已.……法国人或英国人想写作的话，早有许多为其引导示范的作家存在，而我没有。有关印度共同体的我父亲的故事属於过去，我的时代早已非常不同，我的世界更都市化，更杂乱无章。”[12]

但需要强调的是，文化传统的缺失促使奈保尔成长为具有独创性的作家。另外，旅行为他解决了素材缺乏与视野狭窄的问题。如此，他的文学世界不偏向於第三世界或西欧文明的任何一方，对西方帝国主义文明及第三世界的矛盾和虚伪都同时给予了冷嘲热讽式的批判，登场人物也只能是那些被疏远的人们。但这既没有妨碍他以出色的文笔，卓越的语言组织能力及绝佳的词汇选择能力成为当代英文文学的代表作家，也没有阻碍他成为一位独特难懂却真挚充实的作家。

3. 高行健与《灵山》

内在朝圣的同时，现实与虚构、记忆与幻想穿插交错的反省

12 V. S. Naipaul - Nobel Lecture, https://www.nobelprize.org/nobel_prizes/literature/laureates/2001/naipaul-lecture-e.html(检索日: 2017.9.12)。

性旅程的记录--高行健的《灵山》[13] 是一部"我"/"你"寻找未知之"灵魂之山"的现实与幻想的游记。高行健在《车站》遭禁演后受到沉重打击，他走进四川省西北部的大自然保护区，用半年的时间，绕四川省做了长达1500公里的徒步旅行。这期间他体验了中国底层民众的生活，欣赏了大自然的美丽风光，学习了少数民族的文化与文明，收集了民间说唱艺术、巫俗等资料，这些都成为他後来创作《灵山》的背景。

在小说开端，主人公与妻子离婚，被宣布患肺癌後又被告知是误诊。主人公的旅行以对现在的"我"的反省为基调，是一次证明"我是真正存在的"的旅行."我"顺著长江，游经西藏、青海、四川、云南、贵州等地，深入了解了这些地区的少数民族，特别是羌族、彝族、苗族等的生活风俗及民间信仰、民俗艺术，参加少数民族的民俗活动，探访乡村祠堂、道观、庙宇，试图寻找已被忘却的文化之根。共81章的这部游记，以第1章"你"的旅行出发开始，以第81章"我"返回北京结束。"你找寻去灵山的路的同时，我正沿长江漫游，就去寻这种真实。"旅行双向推进又合二为一，"你"，"他"，"她"事实上都是"我"的另一个侧面。这部小说可以说是一部游记与冥想录的结合，是实际存在的"我"寻找根源或故乡的旅行。[14] "我"敍述的部分是现实世界，

13 《车站》集高行健代表戏曲之大成，将东方传统思想及情怀以现代荒诞剧的形式形象化。被评为包涵与中国政治现实相对立的亡命作家的乡愁与丧失之痛的优秀作品。

“你”叙述的部分为想象的世界。[15]

接下来从三个方面来分析《灵山》。首先，灵山是什麽样的山？灵山对“我”来说是故乡及民族之根的象徵，是“我”远离城市喧哗真正能感受到自身存在的地方，是麻雀、鸽子、女人及孩子们声声呼应，自然与人融合为一的灵魂之山。

第二，山在哪里，如何寻找？山不在繁华的北京与上海，位於远离中国中心的边疆。沿长江，历经吴越故土及羌族、彝族、苗族的聚居地就能找到。就像沿长江支流寻找长江干流一样，只有深刻地体验和理解巫俗、传说、神话、民谣、道教、方言、太初的混沌，才能找到民族的根，才能切实地感受到“我”的存在。

第三，为什麽要寻找灵山？灵山为什麽在边远之处？作者为什麽如此重视少数民族文化？事实上，边远之处和保留至今的少数民族文化都象征了中国现代化神话的牺牲品及被压抑的东西. 实际上，他要寻找的东西与其说是灵山，不如说是“我”与“民族”的认同感，所以对他来讲，“灵山”是个象征，可以是时间、空间，也可以是历史或未来。“灵山”是中国文化的源流，也是自我认同感的根源，作家站在这个立场上批判了中国现代历史，在此过程中人们为现代化神话所魅惑，破坏自己的传统文化与自然，这是中国文化的灾难。寻找灵山是作

14 姜鲸求，《高行健〈灵山〉的探索》，《中国语文学》，第44辑，2004.12，426。

15 赵宪章，《〈灵山〉文体分析》，《中国文学及东亚文学国际学术资料集》，2002. 12，165，再引用。

者试图解构中国现代性神话与汉族中心主义、复原被边缘化的文化的寄托。[16] 正如赵毅衡所说，高行健心中有一种对抗，即与“黄河-中原-理性-男权-教化”相结合的官方文化跟标榜“长江-巴蜀吴越-反理性-女性-自然”的反体制文化的对立。他认为前者代表了以儒家为中心的汉族主义及人民共和国，并认为作者试图通过後者解体前者。民族文化才是移民者可以安放疲惫灵魂的故乡及归宿，而不是国家。[17] 李欧梵曾说，1989年天安门事件后自愿或被迫离开中国的人，其忠诚的对象是中国文化而非中国。这种现象存在於广大华侨华人中，在《灵山》中也显现出来。

作为站在民族国家境界上的边缘人，高行健通过对民族文化的审视，提出了自己对民族文化的见解，对民族起源，他不从以汉族文化为主流文化的黄河流域去寻找这座“灵魂的山”，而是从历来被边缘化的巴蜀吴越文化中去寻找，虽为中国人，他却欲摆脱汉族中心主义的束缚。

4. 高行健的创作及认同感

作家脱离政治与理念的束缚表达内心的声音时，所发出的是超越时空的感人肺腑之声。文学创作是一种自我救赎与生

16 李旭渊，《中国人移民的高行健文学》，《中国语文学志》，2003. 12. 400。

17 赵毅衡，《导读：渡子之歌--高行健小说选序》，香港：香港明报出版社，1999，5，再引用。

存方式，创作理由是为了自我，而不是为了改造世人或世界，这便是高行健的文学观。一旦这种创作活动得不到实现，高行健就选择了移民。对他来说，逃离中国并不是单纯的移民，而是为了确保自己的创作空间与创作自由。

像失去家园的人们要重建家园一样，移民文学则是他们想要重建的精神家园。高行健曾经说过，作为一个移民作家，他只有通过文学和艺术创作才得以自救，这即是前面所说的"精神家园的重建"。

> "人一旦脱离所谓祖国，有种距离，写起来倒是更为冷静。中国文化已消融在我的血液里，传统的中国文化正面与负面，我已自行清理。一个作家重要的是超脱出来，有所创造，不必靠变卖祖宗的遗产过日子。倘要找出与西方作家的区别，恐怕是一种静观的态度，我对社会和自我都一概采取这种态度。"[18]

高行健所说的距离，意味著拒绝任何政治理念的束缚。在进行文学创作时，高行健一直秉持着倾听自己内心孤独之声，与世事保持距离，对其冷眼旁观的观念，力求客观写作。

《一个人的圣经》正体现了他的这一写作理念。高行健在作品中以文革这一特殊历史时期为背景，表达了自律、自尊的人

18 高行健，《我的创作观》演讲。
http://www.xuemo.cn/show.asp?id=15070（检索日：2017.9.17）。

类普遍价值观。小说主人公拥护个人的独立自由，批判压抑人性的社会主义教条，这在当时是关系到生死的危险之事。为避免失去自我，他戴上面具，试图通过性爱来释放被压抑的肉体，寻找自由，通过写作来感知自己的存在。在小说中，他是个拒绝与大众同流合污，维持自己个性的人物。这个"我"体现了一种自我意识，也是与世事保持一定距离，对其进行客观审视的态度，是在人权受到威胁的情况下，以一种旁观者的姿态生活下去的生存战略。[19]

这是高行健与社会、与自我保持距离，欲以冷静的眼光观察世事的"没有主义"、"冷文学"的创作。冷文学对作家来说是一种"生存的文学"，是为避免遭到社会或集体的抹杀，获得精神救赎的文学。[20] 作家只有摆脱意识理念与政治体制的束缚，保持冷静、客观的态度，才能进行真诚的创作，作家要"脱离主义"。

奈保尔亦如此，他对世界各地的文化与生活进行了广泛而深入的考察和研究，但他在作品中呈现出的距离与高行健有明显不同。从高行健的《灵山》，《一个人的圣经》中可以看出，他否定的是国家认同，而没有否定民族文化认同。相反，他从中国文化中找到了自我归属感，且为此宁愿承受流亡离散之痛。

19 高行健，《一个人的圣经》，台北，联经出版社，1999，452。

20 前揭书，《没有主义》，17。

Ⅲ. 结语

高行健与奈保尔同为异乡人，边缘人，但正如前文所述，两人在移民文学的创作方式上，在自我认同上有差异。高行健为摆脱压抑的政治现实，实现自由创作而选择自我放逐(self-exil)，所以，他主张不受意识理念、社会习俗、政治等的束缚，进行发内心之声创作，即"无主义"创作。另外，通过保持一定的"距离"来客观审视中国，站在外围静观国内局势的发展，客观而忠实地表达了自己对民族文化的认识。

与高行健不同，奈保尔作为一个无论何处都不能扎根的第三代移民，代表的是殖民主义历史背景下的被殖民者的移民，是无关意志的流落他乡的异乡人。印度、特立尼达、英国，在哪里都找不到归属感的他，在作品中表现的是为落脚寻根而做的苦苦挣扎。在《毕司沃斯先生的房子》中，主人公穷尽一生想拥有一座自己的房子，这正说明了移民者的处境。主人公执著盖自己的房子，是因为自己的房子能将歧视、不公、痛苦等阻挡在外，能给予受伤的心与漂泊的灵魂以呵护与安慰，它是流浪者的安身立命之所和精神归宿。同样，《到达之谜》将作家、作家的亲人以及周边人物投影到一个主人公身上，通过主人公的故事，作者将被殖民者，异乡人、边缘人所经历的痛苦及内心世界赤裸裸地呈现出来。

与永远身无所属，心无所归的奈保尔相比，高行健的自我认同感较为确切。通过《灵山》我们可以发现，高行健将“自我”归属於中国文化，只不过他对现代中国文化之路的探索不仅仅停留在已建立起的儒家传统认同上，还构建在对中国大陆政权的所谓现代化建设事业与汉族中心主义的批判上。宣布脱中国化，脱理念，进行自由灵魂创作的高行健俨然是一位依然高度关注中国，并试图揭示中国未来之路的移民作家。

本文仅就2000年、2001年两位诺贝尔文学奖获得者及其作品的认同感进行了考察。当今全球化带来的愈加频繁的人口国际化流动，屡见不鲜、愈演愈烈的恐怖威胁与政治混乱，环境破坏带来的难民问题等也将为21世纪移民文学的发展带来许多变数，作品主题的多样化，复杂化及深刻性值得期待，移民文学研究也将呈现出更为活跃的局面。

杨逵与 金史良、张赫宙比较研究

— 对陷入历史网之作家的再反思

Ⅰ. 绪论

在历史面前，作家不能随心所欲，尤其是伟大的作家要经得住时间跟历史的考验。这不仅是作家的宿命和痛苦，也是他们的荣耀。本文所考察的杨逵、金史良以及张赫宙这三位作家，都是被历史声望束缚的典型范例。20世纪前期，在无数挫折和苦恼中提出一系列问题的东亚作家，他们的生活与作品给21世纪的我们留下了许多启发：关于什么是真正的价值，以及应该怎样生活？

杨逵(原名杨贵)1905年出生于台南新化的一个贫穷的劳动者家庭，1924年东渡日本，于日本大学夜间部攻读文学艺术专业。1927年返回台湾从事农民合作的工作，在从事农民运动的过程中先后两次被捕，其中一次坐牢长达十二年。当时中国先后经历了辛亥革命、5·4运动、3·18事件、“五卅”运动、4·12政变、满洲事变等，是近代史上最混乱不安的时期。同样，1905年出生的张赫宙，经历了韩日合邦、3·1运动、6.25、归附日本等韩国民主近代化过程中最动乱的时期。他于1952年归附日本，丧失身份地度过一生。作为张赫宙的后辈－－朝鲜人金史良，1914年3月3日，出生于平壤富裕家庭。1936年入学东京帝国大学德语系，与学友一起用日语发表了日帝掠夺平壤贫民地区的《土城廊》，1941年太平洋战争时期被拘留，1942年2月回国后，在平壤专注于小说创作。1945年，他从延安逃脱参加了朝鲜义勇军，8·15解放后，以北韩文化艺术运动的主导性人物的身份进行了活动。6.25韩国战争参加游击队战死。金史良生于大韩帝国末的动乱时期，他把韩国民族悲痛的近代化过程原封不动地暴露出来。

乍看，这三位作家在很多方面有着明显的共通点和分歧之处。杨逵和张赫宙都于1905年出生在日帝强占期和变动期的贫困家庭，碰巧两位都于1932年在日本分别发表社会问题性作品《送报夫》，《饿鬼道》，并且都获得第二名(没有选出第一名)，而比他俩年轻的金史良，1939年在《文艺春秋》发表《光芒之中》，在日本初露锋芒。

起初，这三位作家都想通过揭露悲惨的殖民地现实来让民众觉醒，从而选择了文学道路。然后由于他们自己成长背景及生活环境、创作心理、作家意识不同，创作的作品也就随之相异。

这三位作家虽然有些成长背景是相似的譬如在日本留过学，并且都留下了优秀的文学作品——但是他们在文学史上的地位、以及受到的评价却有着很明显的差异。众所周知，杨逵是台湾优秀的文学家、社会思想家、实践家，而金史良作为越北作家，张赫宙作为亲日作家，在韩国文学史或者国语概论中连名字都没提到过。尤其是在北韩，由于金史良是延安派，其文学作品几乎都不被提及。直至近来，关于金史良的很多资料通过日本才被大家所得知。张赫宙的际遇与之相似，直至1990年代初，在日本虽然有很多关于张赫宙的研究，但是由于背负亲日作家并归附日本的背信者的名号，在韩国几乎没有人对张赫宙进行研究。庆幸的是，最近由于一些想摆脱偏见、客观评价的研究者的出现，金史良和张赫宙的作品重新受到关注。

本文不是为了比较这三位作家的文学成果，其目的在于探索封建体制崩溃后在殖民时代阴影的笼罩下生活的这三位相邻国家作家的内心精神。意在分析他们选择文学创作的道路(尤其是在近代化初期)是一种救国的手段；之后，由于社会环境以及国家局势的矛盾，造成了其不同的人生结局等。希望通过杨逵和金史良、张赫宙的比较研究能够帮助大家了解到当时韩、台知识分子的苦恼，并对韩、中近代以及现代文学研究提供新的视角。

Ⅱ. 创作背景比较

杨逵, 1905年10月18日出生於台南的工人家庭, 家境清寒。他就读公学校期间, 台湾发生了1915年抗日武装斗争的西来庵抗日事件, 他目睹了日军镇压革命运动的炮车从家门前经过。因此, 他从小的时候便感受到殖民统治者的强悍及强权的作风。有一天他在古书店读了一本由日本人所编写的《台湾匪志》, 里头便包括此一事件的记载, 看到日本人丑化台湾历史的做法, 他受到极大的冲击。此时他想以小说的形式来纠正被编造的'历史'!

他於1924年渡洋去日本求学, 进入日本大学专门部文学艺能科夜间部就读。由于家里贫穷, 所以半工半读。当时日本正处于大正一昭和交接时期, 资本主义体制已经实现了飞速的发展, 但是第一次世界大战後世界经济形势变得让人恐慌不安, 日本的企业纷纷倒闭, 很多失业者频频发起示威。当时他做过许多工作, 体验日本社会的各种生活, 而这些实际的工作经历和体验正是他小说创作的来源, 他的第一本小说《送报夫》正是由他本人亲身经历而创作成的, 其中赤裸裸地反映了当时动荡不安的日本社会。这段时期, 对杨逵最大的影响便是接受到日本的社会主义左翼思潮。

1927年, 杨逵因为参加朝鲜人反日的演说会, 首次入狱。出狱返台之後的杨逵, 以更加积极的态度参加台湾的社会运动和农民运动。那时他遇到了与他一生互相扶持的叶陶。1929年，他在彰化巧遇赖和，受到了很大的影响。而这正是他文学的转折点。1932年，他在台湾发表了《送报夫》，但是以内容不健康为理由只发表了一部分，两年後，再次在日本杂志上发表。

1935年，杨逵被聘为《台湾文艺》杂志的日文编辑。在11月创办了《台湾新文学》杂志，一边启蒙民众，展开反日运动，一边整理台湾文学。

1937年4月1日，台湾报纸禁止使用中国语，杨逵其时归隐於首阳农园，开始建构其普罗文学理论，并於1937年8月在东京近郊用日语创作了引起重大影响的《模范村》。《模范村》最初的题目是《田园小景》，1937年11月15日在《文季》上发表了中文译本。《模范村》生动地描写了太平村农民悲惨的生活，暴露、揭发了日本帝国主义的残暴性，对知识份子革命思想的启蒙、启迪革命思想有著重大意义。中译本的编者按指出，其精神和内容直接继承了"长期反抗日本侵略所表现的坚毅不屈、沉著勇敢的伟大传统"。除此以外他还写了《难产》、《小鬼的入学考试》、《公学校》等小说。这些作品反映了资本主义对於无产阶级的压迫．另一方面也表露了对於殖民体制的批判。

1936年，胡风把杨逵的作品和和用日语创作的张赫宙的作品翻译成中文，他们的作品在中国大陆得以为人知晓。[1]

---

1 胡风的 《朝鲜台湾短篇集》登载了作家张赫宙的《山灵》与《上坟去的男子》，李北鸣的《初阵》，郑遇尚的《声》(以上 韩国) 杨逵的《送报夫》，

在日本留学期间曾在日本杂志《改造》上发表了《饿鬼道》的张赫宙，与杨逵同年(1905)在朝鲜平壤出生。由于从小学习日语他的日语非常的熟练。父亲是旧韩国军将校，母亲是一名妓女，是父亲的第二位夫人。他从小就没人疼爱，作为作家也不受爱戴，内心充满了自卑和对父母的怨恨。他1913年4月升入国立普通学校开始学习日语，比起朝鲜语，日语更为熟练。

1932年，张赫宙发表了朝鲜农民抵抗和斗争的《饿鬼道》，同时在日本登上文坛。小说虽然是用日语写成，但是描写了朝鲜殖民地残酷的现实，绝对不亚于当时无产阶级文学中流行的农民小说的现实批判意识，深受好评。

1913年之际他开始着手写亲日小说，随后韩国解放。张赫宙的亲日行为主要是他的生母是妓女出身，而又是妾，这种与生俱来的自卑意识与对早婚的朝鲜妻子的不满有着很重要的关系。1933年初期，张赫宙在韩国发表了现实主义作品长篇小说《彩虹》和描写男女间错综夏杂关系的《三曲线》等通俗倾向的小说。从描述有壬辰倭乱时侵略朝鲜的日本人将军的作品《加藤清正》(1939)，开始着手开始显得亲日，为数众多的的自传形式的私小说，把自己的亲日行为与再婚等事情加以合理化。

亲日行为给他了过重的负担。1952年加入日本国籍的他，之

吕赫若的《牛车》，杨华的《薄命》(以上，台湾)的 7篇小说。

后创作了很多作品，1997年去世。张赫宙一生创作了包括长篇在内的50篇单行本，短篇和戏曲80篇，其他还有评论以及随笔等若干。由于对历史认识不足，并且是失节者，所以他的作品至今仍然被低贬。

杨逵、张赫宙与金史良相差九岁，1914年金史良在平壤一个父亲保守、母亲信仰天主教的家庭中出生。在平壤高等普通学校就因开展日军军官排斥运动，1931年被迫退学。1936年进东帝京国大学德文系，与同学们一起用日语发表了描写日帝掠夺平壤贫民地区的《土城廊》。

1945年，作为学徒兵慰问团员被派遣到中国时，从延安逃脱参加了朝鲜义勇军，8.15解放之后，用韩国语书写文学作品。1950年参与游击队从军作家，战死沙场。金史良生于大韩帝国末期的动乱之时，他把韩国民族悲痛的近代化过程,原封不动地暴露出来。

上面三位作家在日本最先登坛的作家是张赫宙。当时韩国是日本的殖民地，韩国的文学青年们不能再用日语和韩国语创作作品。如果杨逵与金史良属于具有历史意识的作家的话，那么，张赫宙就属于没有抵抗意识的作家。在不能用母语的情况下，杨逵与金史良就在日本揭露了殖民地悲惨的现实。当时除了这三位作家以外，还有台湾的吕赫若、龙瑛宗，朝鲜的白铁、俞镇午等作家，他们在日本活动，把自身的身心感受用两种语言——日语和母语——写成文学作品。

在分析他们三位的创作精神与文学活动之前，有必要了解一下当时日本的情况以及文坛的潮流。

杨逵从1924年到1927年，张赫宙与金史良从1930年代到1940年代在日本生活。而1925年前后日本文坛上流行农民文学。1928年全日本无产者艺术联盟(简称：NAPE)成立，1929年全日本无产者艺术联盟下级团体(简称：NALP)成立。这年日本普罗文学史上诞生了两大流行杰作：小林多喜二的《蟹工船》与德永直的《没有太阳的街道》等。1930年左右，NAPE的机关报《战旗》售出三万册，包括其他普罗文学报纸、杂志在内的话，一共售出了10万多册[2]，这充分显示了当时学者们对普罗文学的关心与支持。

世界性的恐慌加快了国际化对立，基础脆弱的资本主义国家——德国、意大利、日本——受到了严重的影响。中小企业倒闭导致大量劳动者失业，引起了频繁的运动，从而引起了反映当时时代情况的普罗文学的蔓延，所以这些作家们难免受到这些影响。

1924年，19岁的杨逵来到了日本，为了挣学费开始做体力活到处送报纸，在那样的生活环境下杨逵自然受到了无产阶级文学的熏陶。他的《送报夫》就是一篇以作者亲身经历为题材的作品，直接反映了当时的社会现象。

---

2 白川丰，《战前期日本文学界的状况与张赫宙》，《日本学》8号，1989，138页。

一个少年的父亲反对日本帝国主义的农田强制收购，被拷打致死，从而家破人亡，少年独自一人来到东京勤工俭学。他与卖报的少年们一起受到工头的压迫和剥削。母亲为了让儿子完成学业，把卖房子的钱寄送给儿子后上吊自杀。得到母亲的死讯，他痛苦欲绝想自杀随母亲於地下，但是想起母亲的遗言唤起他与日本的压迫斗争到底的信念，因此就没有回到故乡而继续留在了日本。

为了抗衡当时报社的矛盾结构与工头的搜刮，他联同少年送报员一起齐心协力抗争。他们超越国界，团结阶级立场相同的被剥削者与剥削者抗衡齐心协力行动。这篇小说无疑是深受到当时日本流行的普罗文学影响。

1920年代，受日本普罗文学影响的朝鲜作家有白铁、姜文锡等。在普罗文学解散时期，张赫宙向具有无政府主义倾向农本主义的加藤一夫所主持的《大地に立っ》报社投了《白杨木》，把它再次修改之后以《饿鬼道》之名向日本文艺杂志《改造》投稿，并且获奖。这部刻画了朝鲜农民抵抗和斗争的作品，描写了朝鲜殖民地残酷的现实，绝对不亚于当时阶级文学中流行的农民小说的现实批判意识，“明显的现实主义手法和周密的结构，插曲的巧妙结合等都受到称赞”[3]，但是另一方面又受到“第一，结构不紧凑，第二，没有贯通一致的感情和心理

---

3 白川丰，《韩日两国对张赫宙同时代的反应》，《日本学》10号，1991，102-103页。

描写"，"只能被看作为初级性倾向的事实小说"[4]的评价。

1939年秋，新一代文学者、反抗者金史良发表了《光芒之中》[5]，'这部作品是通过描写混血儿(父亲是日本人母亲是朝鲜人)与他的老师去寻找朝鲜人的真像的过程，突出了统治与被统治、光明与黑暗、虐待者与被虐者的对比、黑暗与光芒的对比。就描写阶级问题而言，杨逵的作品与张赫宙更注重用间接的手法写朝鲜民族的政体性与内鲜一体的问题。

通过初期作品来考察上面三位作家的作家精神，可以看出他们都具有左翼作家趋向，对于社会矛盾和歪风有着试图改造的精神。

张赫宙在1939年写《对朝鲜知识分子的号召》之前[6]，对无政府主义与普罗文学有所关心，在他的精神世界里，对民族比较专注，也稍微有历史意识。

《送报夫》、《饿鬼道》与《光芒之中》三部作品的创作风格各不

4 同上。

5 《光芒之中》发表于 1939年10月，2月创氏改名。"内鲜一体"是指抹杀朝鲜性的任何东西，把所有朝鲜人变为日本人的朝鲜人的不正当行为。以这样的背景创造了这部小说。小说中金史良告诉朝鲜人，如果想像正常人生活的话，就应该以积极态度去生活。
http://blog.naver.com/PostView.nhn?blogId=kyorai&logNo=120057283044。

6 写了多不美化壬辰倭乱的伪将，日本侵略满洲的合理化作品。朝鲜青年自愿参加皇军部队的小说《岩本愿兵》也是以同样的国策性写成。金学东、张赫宙的《朝鲜傀儡的最后论》，《日本学报》第83辑，2010，164页。

相同。从发表的刊物来看，杨逵的作品发表在具有政治倾向的《文学评论》上，而张赫宙与金史良的作品发表在文学性为原则的《改造》和《文艺春秋》上。从作品内部的矛盾与结构来看，《送报夫》与《饿鬼道》具有更强的文学运动性格较突出，《光芒之中》则旨在批判朝鲜人的正体性问题与内鲜一体的真伪性。三部作品的创作风格的不同与三位作家自身经历的差异有著密切相关。杨逵的《送报夫》与张赫宙的《饿鬼道》是在20年代日本普罗文学流行时期写成，进入三十年代，普罗文学虽然处于低落时期，但是日本於朝鲜的对外侵略与思想镇压逐步加强，因此，朝鲜展开了激烈的劳动运动和农民运动，这就是普罗文学的第一次和第二次方向转换时期，张赫宙的作品反映了这个情况。

“通常认为台湾的近代文学的形成时期是从1920年代开始，主要通过《台湾民报》的系列报刊杂志的文艺栏来发表近代文学作品。初期文学的内容主要是宏扬文化系列与民族意识的启蒙，接着把25年的殖民统治下积累的不满与愤怒通过文学一一暴露出来，20年代中期以后，主要对警察、法律、制度、规则等殖民统治下既定的社会性机构功能进行批判，这就是受压迫被统治阶层的台湾农民与的劳动者通过文学批判现实。”[7] 杨逵的《送报夫》就是在1920年代劳动运动频繁发生的日本留

7 崔末顺，《1930年代 台湾文学里的张赫宙》，《间SAI》第11号，67页。

学时，以亲身经历为素材写成的，与台湾的文学潮流有关。

金史良发表《光芒之中》之际，正值太平洋战争的危机时刻，就连日本人在日本都不能自由写作，但是他却用日语批判了内鲜一体的政策。

这些殖民地国家的作品之所以受到帝国首都东京的欢迎，是由于当时日本杂志的倾向以及日本读者们对殖民地的异国情趣充满好奇。

张赫宙发表过文章的《改造》的东主山本实彦(1885-1952)是一位进步人士。其创刊的《改造》与《中央公论》被看做当时的两大杂志。山本实彦以前作为一位民族主义者，具有国家意识以及东洋主义思想，于1932年帮助韩国作家在日本登坛，以试图打破日本文坛的停滞局面。这就是张赫宙《饿鬼道》获得青睐的背景。杂志社以巨额的文学奖金吸引了大批的殖民地文学青年。"1932年张赫宙在日本代表性的综合杂志的开山鼻祖举办的第五届现状创作公募中夺得二等奖(没有选出一等奖)，现状创作公募作为杂志社开创十周年(1928.4)纪念活动中的一个环节，一等奖奖金为1500日元，二等奖奖金是750日元。一等奖也就出现过两次，其余情况都是选出两名二等奖平分奖金。"[8] 杨逵也是获得了二等奖，与此背景相同。

1920年代，普罗文学在日本兴起，30年代衰落之际，在台

8 高英兰(音译)，《帝国日本的出版市场再编与媒体促销活动》，《间,SAI》6号，117页。

湾和朝鲜反而开始盛行，因此，台湾和朝鲜的文艺界一并受到日本帝国主义的镇压。杨逵在1924年至1927年间，在东京支援韩国留学生的独立示威活动，被捕入狱。作为相同的被殖民国家压迫的民族，韩国的独立运动成为杨逵开始关注的对象。

在日本对普罗文学的压制氛围中，1932年KOPF同盟内部为了帮助台湾和朝鲜的左翼运动，而成立了朝鲜台湾协议会，声援叶秋木和林兑等朝鲜人的街头示威，呼唤殖民地左翼运动的团结。朝鲜人检举事件后，东京台湾人文化同好会的活动也受其影响。

1934年韩国沦为日本的殖民地国家之后，杨逵在普罗文学思潮衰退后，提出了自己对于社会主义现实主义的见解，并开始探索新的现实主义。他对金斗熔的《革命的现实主义》[9]也有所提及，开始关注朝鲜文学，共同对应日本的压制。

在台湾文坛和朝鲜文坛的交流中，张赫宙的文学作品在台湾作家中广泛传阅，台湾左翼小说的重要作家吕石堆各取张赫宙和郭沫若名字中的一个字，起了笔名“吕赫若”。显然，他是认识杨逵和张赫宙并读过他们的文章的。[10]

9 崔末顺，《1930年代台湾文学中的张赫宙》，《间SAI·》第11号，66页。

10 同上引 69页。

Ⅲ. 作品和作家精神比较

在台湾家喻户晓的张赫宙，其小说《山灵》和《去上坟的男子》收录于胡风的《朝鲜台湾短篇集》中，由此在中国也颇有名气。但是，中日战争爆发后，内鲜一体政策强化之际，张赫宙开始写亲日文章，执笔美化当时壬辰倭乱的倭将的《加藤清正》，或者其他多篇合理化日本帝国主义民族侵略的作品。[11] 企图鼓动朝鲜青年志愿加入皇军而发表了短篇小说集《岩本志愿兵》，其中收录了如此这般带有国策性质的作品，彻底自我否认。

《朝鲜傀儡部队的最后》视朝鲜的抗日独立军为朝鲜傀儡军和敌人，指出殖民支配朝鲜的日本帝国不会轻易灭亡。主张朝鲜民族为了生存，必须要在日帝的支配下早日探索、找寻独特的位置。

在以日本名字"野口稔"发表的短篇小说集《岩本志愿兵》(1944.1)的序文中，他提出"完全的日本人指的是真正的皇国臣民"[12]，"我正在向着皇国的路上缓缓前进，通过民主事变在觉醒的国家中迎来大东亚战争并完成爱国行为，我期待这样的机会"[13]，"徵兵制的实施是承认黄皇化的标志"，"为了报答

11 《七年的暴风雨》(1941)，《和战之后双方不辞》(1942)，《浮沈》(1943)，《开垦》(1943)，《幸福的臣民》，(1943)。

12 张赫宙，《序に代えて》，《岩本志愿兵》，兴亚文化出版株式会社，1944，3页。

圣恩，我们要更进一步的修炼自我，要铭记这点”等，动用了各种赞词，表现出了激动的内心活动。

张赫宙的这种变节有何根源呢？看他的私小说可以知道，他的变节源自于其不幸的家庭、爱情的缺乏、早婚以及自卑意识。

张赫宙的自传有《仁王洞时代》(1934)，人性枷锁三部曲《人性枷锁》(1941)、《美丽的抑制》(1941)、《蓝蓝的北方》(1941)和《孤独的灵魂》(1942)、《民族》(1946)、《伪君子》(1949)、《威胁》(1953)等。这其中除了《民族》(1946)和《威胁》(1953)，其他作品几乎都是着重描述了母亲是妓女，私生子‘我’出生在一个不幸的家庭里，或者对早婚的朝鲜妻子的憎恨感情。作者的母亲(旧韩国军指挥官的小妾)与副官大尉发生关系，随着作者就出生了。为了躲避父亲的追击，母亲在南海岸地区流浪，最后定居庆州并开了一间酒家。作者为了上学就来到了大邱父亲与嫡母的家，在这之前作者与生母一起生活，经常目睹母亲与客人脱得精光的场面，这在作者的后期作品里多次出现。另外，在母亲的强求下，17岁的作者与年长自己四岁的女人结了婚。与这样的女子结婚，让作者觉得失去了自己美好的青春，为了摆脱妻子寻找新的生活，最后与日本女人结婚定居日本，这一情节在很多作品中也有所描述。

张赫宙的生母是妓女出身又身为人妾，这种与生俱来的自

13 同上书，77页。

卑意识与对早婚的朝鲜妻子的不满，都使他想摆脱朝鲜的一切，这样环境下的作家很容易写出亲日文章。[14] 虽然这也是作家对自己的申辩，但是最根本的是作家缺乏历史意识。

张赫宙在朝鲜解放之后加入日本国籍，以联合国特派员的身份来朝鲜采访6.25战争。但是朝鲜国内对他猛烈批评，掩饰了他在历史上的地位，为了对自己的的行为合理化，他努力寻找理论辩解。

"直到1950年代后期，写作的内容一直是以韩国战争或'内鲜结婚'等民族的问题的，1958年10月份发表的长篇小说《黑色地带》作为一个转折点，之后面向日本作家。这就是所谓的在自己的文学里出现了排斥'朝鲜性'的趋向。"[15]

相反，杨逵即使在战争时期也以不屈气节、顽强的抵抗精神、透彻的历史意识进行创作。从1942年到1945年杨逵在《台湾文学》发表了《无医村》，直到战争结束为止。此阶段的文学创作受制於战时体制的影响，因此杨逵在战争期的小说势必没有再像以往呈现出强烈的阶级斗争意识，由《无医村》、《长脚蚊》、《绅士轶话》、《破旧的鞋子》等篇可以看到杨逵的普罗小说转化的痕迹。他的小说旧保有一贯无产阶级的阶级立场和历史意识。另外杨逵写了皇民化主题的作品，虽然符合战时体制

14 金东学(音译),《张赫宙文学的情绪性背景-生来的自卑感与早婚的矛盾》,《日本日文学研究》第 64辑 2本，韩国日语日文学会，2008，44页。

15 申胜模(音译),《战後的张赫宙文学》,《日本语言文化》第13辑，327页。

的主题，但是在文本中杨逵并没有支持日本帝国主义政策。

金史良与之相似。金史良也是在太平洋战争激烈之际虽然受迫写了顺应国策的作品，但是并没有丧失抵抗意志，而是羞於自己的这种行为，放弃所有职务并埋头创作《太白山脉》，最後离家出走加入朝鲜抗日义勇军。

杨逵在《鹅妈妈出嫁》中批露了日本虚荣的大东亚共荣圈的虚伪性。《春光关不住》描写了在抗战末期，一个数学老师教带著学生到山边海角去劳动，他们在工作中(整理土地)，看到被水泥块压在底下的一株玫瑰花。这一现象给了他们希望与鼓舞。玫瑰花象徵被压迫者不挠不屈的精神。关於这篇小说的创作，杨逵曾经谈到，"他们虽然关了我十馀年，却永远没办法改变我的思想与意识型态，而且春光是关不住的，於是我写了这篇小说。"杨逵的创作精神深受鲁迅与赖和的影响，有著不屈不挠的清醒的现实主义精神。杨逵对於当时社会问题的观察与表现的笔触，尤为尖锐深刻。

1945年终战与6.25战争之後，韩国与台湾内部被反共右翼民族主义政权统治，在那种氛围里左翼作家、亲日作家的空间随之变窄。1946年，台湾的报纸，杂志上禁止使用日语，1952年，国民党政府禁止了日语、台湾语教学。与两国〈和平宣言〉相关1951年被关进绿岛监狱，1961年被释放。这期间在台湾已经形成了汉族为中心的新秩序整编，'反共'与'乡愁' 成为文坛主流，杨逵失去了立足之处。

1974年，杨逵的《鹅妈妈出嫁》在《中外文学》上发表，《报纸投递员》在《幼狮文艺》上发表，并且得到了读者的好评。1976年《压不扁的玫瑰花》被登载到《国文》教科书中，杨逵也随之回到大众视野。但是他的才气与影响在70年代以後台湾内部反独裁民主运动、台湾民族主义的扩张中不可缺少的。

金史良自称"驽马"，拒绝做一个殖民地的懦弱书生，在中国参加抗日武装斗争，在危难时刻亲身发挥了一个真正知识分子的作用。金史良虽然用日语写作，但是其坚持妥协跟抵抗的双重策略，批判日本的支配和内鲜一体政策的虚无缥缈，到最后也没有变节，坚持斗争。

金史良比杨逵和张赫宙晚9年出生，36年的创作生涯如同昙花一现。其深受鲁迅的影响[16]，创作的《Q伯爵》，《天马》，《草深し》等作品吸纳了鲁迅的作家精神以及创作手法。

金史良是借鉴鲁迅的《阿Q正传》中的代表人物"阿Q的人间"来写作的。金史良受到鲁迅的《阿Q正传》的影响，在1940年创作了《天马》、《草深し》，随后创作出《Q伯爵》[17]，但是朝鲜的阿

---

16 金史良直接受鲁迅影响，可以从当时他给台湾作家龙瑛宗写的信中看出。"我喜欢鲁迅作家，他是伟大的。贵兄身为台湾的鲁迅，请树立起自信来。"黄好德，〈日本帝国与翻译-鲁迅，龙瑛宗，金史良，'阿Q'性的生活和主权〉，《大东亚文化研究》63辑，379页 再引用。'金史良直接受鲁迅影响'部分参考拙稿〈韩国近代作家金史良文学创作对鲁迅创作的吸收借鉴〉《中国人文科学54辑》273-283页。

17 小说《在留置场遇到的男子汉》(朝鲜语)是朝鲜代表性的，纯文艺志

Q更为具体化。在金史良的这三部作品里如实地接受了鲁迅对矛盾的社会结构的批判精神与开明的现实主义精神。在日帝的压迫、内鲜一体的情况下找不到正体性文人的样子和朝鲜文人的假象被赤裸裸地表现出来。

《阿Q正传》、《孔乙己》与《孤独者》等作品清晰地暴露出从辛亥革命前後到第一次国内革命战争前后，中国半殖民地半封建残酷的社会制度下呻吟的流亡者和文人的悲惨的生活，金史良的作品《Q伯爵》,《天马》,《草深し》以日本强化内鲜一体的中日战争为背景，反应了流亡者和文人的悲惨生活，以及失去自己正体性的亲日派、协调内鲜一体的文人、失去节操的独立运动家的生活。

金史良吸取鲁迅的创作方法，在《Q伯爵》,《天马》,《草深し》作品中把喜剧和悲剧容纳为一体，从而诞生了“朝鲜的阿Q”。

金史良模仿《阿Q正传》中的阿Q创作了《Q伯爵》，作品中的王伯爵有一个习惯就是不管发生什么事情，都盲目地参与，经常被警察逮捕。他很想以思想犯或者反日危险分子的名义进监狱，但是每次都是不在现场或是证据不足而被释放。这就如阿Q对革命的意义不理解，盲目想成为革命家的样子非常相似。

金史良的作品《天马》中由于内鲜一体造成的朝鲜人的正体

《文章》在创作专辑里发表。后来作者把作品翻译日语，以<Q伯爵>的名字收录到第二小说辑里。

性问题，通过阿Q与玄龙等人物详细地表现了出来，玄龙是'U'杂志社的三流作家，他鄙视、批判朝鲜人，凡是用朝鲜语写的文学都认为是低级文学。像玄龙这样的人觉得自己比朝鲜人拥有优秀的基因分子从而鄙视无视朝鲜人。大村对玄龙的丑态实在不堪入眼,无法让他入寺修行，玄龙苦苦哀求但是遭到拒绝，作品以引起的混乱的正体性而告终。

《天马》对殖民末期大部分殖民地文人们被卷入日本帝国的同化LOGIC,实施模仿一事,为文人们敲响了警钟，强烈批评导致如此这般社会状况的日帝同化政策。

日本帝国主义歪曲历史并以狭隘的观点增加了韩民族的自卑感。《天马》通过阿Q、玄龙之类的人物，对日帝这种依据歪曲的历史观和狭隘的理论助长不正当的民族的整体性与自卑感的过程进行了揭露。

《阿Q正传》还是《天马》这两篇文章都揭露了韩中两国负面的民族性,唤起每位读者们的警惕性，并且从典型化的小说创作出的人物形象这一点，也可以看出两部小说的共同点。

金史良的《草深し》中把悲剧与喜剧融于'鼻涕'老师一身，'我'中学时的朝鲜语老师绰号叫'鼻涕'，因为他的鼻子总是一个劲抽噎，做一些异常的动作。内鲜一体强化后，朝鲜语被废除(1938.4)，'鼻涕'老师在'我'的郡守叔叔手下工作。

郡守用生疏的日语演说，'鼻涕'老师边抽噎边用朝鲜语翻译。比起这个更搞笑的是按照郡守的指示在朝鲜人的白衣服上画黑圆圈的事。非常时期，强制把白衣服换成黑衣服，跑腿鼻涕老师和郡厅的职员一起躲在路边，突然把路过的人的衣服用毛笔画上黑圈。这样的场面让读者哭笑不得，鼻涕老师的样子运用了鲁迅的《阿Q正传》、《孔乙己》中将悲剧喜剧加以融合的写作手法。

鲁迅对失去希望的中国的现实社会充满了绝望与厌世。鲁迅作品大部分是黑暗的，可是《狂人日记》,《故乡》,《药》预示了未来的希望。虽然鲁迅的作品没有做具体的展望，但是他对未来充满着希望和期待。

金史良的大部分作品是悲剧的，让读者忧愁伤感，但是结局不全部是悲剧性的。中日战争之后，日本的内线一致更为强化。金史良的作品刻画了对未来的向往与希望。1939年出版的《光芒之中》[18] 就写了主人公在黑暗的殖民地时期比任何人都迫切想走向光明世界的内容。

金史良也是没能抵过日本帝国主义的压迫而创作了亲日的作品。但这不过只是其为了生存的一种妥协，最终他也没有变节。他在日本留学期间接受张赫宙的帮助并与其称兄道弟，

18 《光芒之中》发表于1939年10月，创氏名是从2月份开始的。内鲜是一体抹杀了朝鲜人的一切"。以历史为背景写下了这部小说备受人们的关注。金史良在小说想说的，朝鲜人若想过正常人的生活就必须积极地做事。http://blog.naver.com/PostView.nhn?blogId=kyorai&logNo=120057283044。

但是极力批判张赫宙的变节，具有鲜明的现实意识。1936年颁布《关于禁止使用朝鲜语以及日语使用条令》，7年后，连朝鲜语文学杂志都遭遇废刊，身为朝鲜人都不能使用自己的母语，在这种情况下，金史良被迫无奈发表亲日倾向的文字(宣传日本海军视察的文字)[19]，之后为自己这种行为感到羞耻的金史良辞去所有职务，从1943年2月开始埋头创作《太白山脉》。之后用殖民地支配者的语言向其间接或直接批判的方法也变得不可能，金史良冒着生命危险果断逃脱并加入太行山的朝鲜义勇军。他以自己逃亡的事为素材创作了《驽马万里》。

此外，金史良的其他作品也均具有强烈的现实主义意味。《土城廊》以平壤为舞台，描写了最下层土幕民的底层生活。《箕子林》则诉说了失去家乡的朝鲜民族的哀怨，《太白山脉》刻画了受到朝鲜语迫害的朝鲜民众的生活，《无穷一家》描述了日帝强占期在城市生活的朝鲜人的悲叹，《乡愁》讲述了北京一位悲惨的朝鲜民族运动家与其家人的生活，《蝴蝶》[20]是一部3幕4

19 金史良的《海军行》，随笔，长篇小说《大海的歌声》在总督府的机关报上连载。(1943.12.14.-1944.10.4)

20 诗人独立战士与他相爱的独立军女性为了生存来到了中国，沦落为鸦片贩子，受到日本军的唆使混入义勇军。最后转变成独立军，虽然受到日军的突袭但是四名义勇军竟然杀死了数十名日军的内容。做鸦片生意的妻子精神上受到打击而自杀，最后提出了要想击退日军，韩国必须与中国联手的主张。
http://blog.joinsmsn.com/media/folderlistslide.asp?uid=jsh96&folder=2&list_id=10712335。

场的喜剧，讲述了1941年12月在中国河北省石家庄附近爆发的朝鲜义勇军对抗日本军的“胡家庄战役”。

Ⅳ. 结语

本文概括考察了杨逵和金史良、张赫宙的文学作品和作家精神。相对而言，杨逵和张赫宙的文学成果比金史良的丰富多彩，不过这不是本文的讨论主题。杨逵和金史良是殖民统治下的台湾和朝鲜的代表。丧失国家的杨逵和金史良作为文学家、独立运动家，历经生活的磨难。他们从一开始就被剥夺了深入研究文学的权利，他们的一生教会我们，一个才华横溢的文人为了国家和社会应该做出怎么样的贡献，他们是世人的模范。他们在日本的怀柔政策和强压手段面前毫不屈服，到最后也没有丢失气节。杨逵和金史良的这种精神为那些软弱书生敲响了警钟。然而，张赫宙则永远没能摆脱亲日“变节作家”的桎梏，最终成为悲剧不幸的作家。

如上所述，杨逵和金史良，张赫宙作为邻国同时代的作家，在文学创作初期有很多共同点。不仅仅都处于帝国主义侵略和半封建社会环境，他们还拥有相似的思想形成背景。而且他们都是受到日本帝国主义压迫的知识分子，在大致相同的时期到日本留学并同时登上日本文坛。他们初期倾向普罗文学，揭露受到压迫的台湾和朝鲜的悲惨社会现实，同时意欲打破矛盾重重的社会现状。

杨逵和金史良在作品中反映了其正确的历史意识和不屈不挠的斗争精神。然而张赫宙由于缺乏正确的历史观，强烈的自卑意识和破碎的家庭，其作品中没能很好呼唤社会改造推进力的民众意识，也未能全面表现出社会现实。所以，由于其作品没有一贯性且丢失了自我，即使有些精彩的写作手法，也未能得到客观的评价。

拥有相似时代背景及相似经历的这三位作家，出发点虽然相似，但是由于创作心理、作家意识及意志不同，他们的作品创作方向相异，因此对他们的历史以及文学评价也随之不同。

在回顾韩国和台湾的同时，以上三位作家在面对历史时是没有自由的，这是作家的宿命和痛苦，他们生活状况和作家精神体现了这一点。他们的生活经历和作品告诉了我们到底该如何生活。

金学铁与约翰·马克斯韦尔·库切的离散世界及其外延扩张

— 以反殖民地，反帝国主义，反意识形态为中心

Ⅰ. 绪论

19世纪以后人类经历了有史以来的社会性大灾难。殖民主义的争夺，第一次、第二次世界大战，日本帝国主义的侵略和殖民地化。以英国为首的，欧洲对印度、非洲的殖民地开拓等，制造了无数的移民。随着一些为了逃命而跨越国境的移民的出现，对於离散文学[1]的关注也随之提高。离散文学是指离开民族国家领土居住的移居者文学的统称。一般而言，移居者必然处在双语、离散者、多元文化的情形之中，并在追求自我身份认同，对於故国的怀念，文化的混合性，身处异国他乡被歧视和排斥等的条件下获得了离散的身份认同。

1 'Diaspora'一词来自希腊语，译为'分散'，或'离散'。最初指那些被巴比伦强制流放的犹太人，後来这个术语意味着逐渐被奴隶制度所激发的大规模人口的分散，而今天这一说法广泛适用於所有流离失所、流放国外的迁移者的生活方式。

本文要讲述的金学铁和约翰·马克斯韦尔·库切(John Maxwell Coetzee)正是诞生在这种混乱时代的离散者。激烈反抗日本帝国主义殖民统治的金学铁在文学上被称为"中国的高尔基",在政治上被称为"亚洲的索尔仁尼琴"。作为朝鲜义勇队而参加抗日战争的他,光复後因政治压迫再次移居中国并在此结束了自己的生命。作为韩民族的中国人,金学铁在"矛盾与分裂"的身份认同感中全身心的体验了韩民族的受难史,他是当今时代具有代表性的离散作家。与金学铁不同,南非的约翰·库切是殖民地开拓者的後裔,即荷兰後裔,是具有白人血统的非洲人。他在1974年出版了《幽暗之地》,登上文坛後,他一边反对种族歧视政策——种族隔离,一边探索野蛮的西方文明的根本原因。継1980年发表《等待野蛮人(Waiting for the Barbarians)》之後,又於1983年发表了《迈克尔K的生活和时代(The Life and Times of Michael K)》,1999年以《耻(Disgrace)》创造了两度获得布克奖的新纪录。库切形象地指出在南非发生的殖民者和被殖民者、白人和黑人等的对立,主要是"支配和隶属的对立"的普遍情况。他以精妙的结构和丰富的描绘,敏锐地批评和反省了残忍的种族主义和西方文明的伪善,并最终获得了2003年度诺贝尔文学奖。

本文从书面上,在库切诸多的著作中,分析让他开始享誉世界级声望的《等待野蛮人》和《耻》,以及金学铁的代表作《20世纪的神话》和《激情时代》。1980年《等待野蛮人》出版,当时正是南非黑白矛盾激化的时期，也是社会主义现实主义的热门时期。与当时南非的其他作家不同，库切的写作方式是反现实主义，即采用了存在主义及元小说方式。因此，与采取社会主义现实主义模式的金学铁的“战斗性”文学理所当然地形成对立面。但是如果放在“离散”的纽带上再审视这两位作家，将会发现他们在“离散”文学方面存在惊人的相似性。本文的研究也是从这一共性出发的。

当然，很难从这两位作家身上找到直接的文学影响关系。一个在地球东方的韩国咸镜南道元山出生，作为中国少数民族生活的金学铁(1916年～2001年)，而另一个在南非以白人身份出生的约翰·库切(1940年～)，他们的生活就像他们所处的空间的距离那样，民族性的、社会性的以及文化上的背景都有着显著的不同。尽管如此，我们所不能忽视的是两位作家所绽放的离散文学之光。如果说金学铁是在反对日本帝国主义侵略和批判殖民主义的同时，攻击独裁者专横和歪曲的意识形态的虚伪性进而追求自由的流亡者，那麼库切则是描写在南非展开的西方帝国主义对殖民地的蛮行和虚假，种族歧视的严重性等，以及作为殖民地统治者的反省和忏悔，作为流浪者者的痛苦和烦恼的离散作家。

“殖民统治”这一共同的历史经历是把两位作家连在一起的纽带。本文铭记着韩国和非洲的伤痛、痛苦和悲伤，超越时空地对人类及其共同体进行反省。跨入21世纪，虽然帝国主义的直接统治结束了，但是世界各地的经济殖民主义和文化殖民主义依然如影随形，统治着弱小国家。"统治与被统治"的垂直逻辑在大国与弱国之间，统治阶层与民众之间仍在継续运作，世界贸易战争与争端日益尖锐化。在本文所涉及的两位作家的作品中，我们所要关注的焦点也与上述世界形势不无关系，我们想摆脱以西方为中心的世界文学观，介绍非西方文学，提出世界文学的新出路和新视觉。

此前，有关金学铁的研究在中国和韩国达数百篇之多。但与此相比从离散观点或是从东亚观点出发而进行研究的论文却相对不足。[2] 另外，为了迎合世界性的名望，以英文学者为

---

2 尽管对於《20世纪的神话》及《激情时代》的研究有几十篇，但目前还没有论文从离散的观点来集中研究这两部作品。下面的研究现状，因与本文有关，将进行概略的介绍。

a. Park Tae Il, 〈金学铁的朝鲜义勇队的故事和《抗日英雄》〉，瀛洲语文学会，〈瀛洲语文〉 35刊 0号. 2017 本文是将金学铁在平壤所发表的未被发掘的小说《抗日英雄》中崔志南和文明哲的故事改编而成的，从中可以看出光复期间金学铁所处的过度状态。

b. Myeong Cheol Ko, 〈革命成长小说的空间，民众性的国际联合，及反殖民地主义——金学铁的《激情时代》论〉，半桥语文学会，〈半桥语文研究〉 22刊 0号. 本文从'革命'的角度考察了长篇小说《激情时代》中可以说是金学铁的化身的作品中人物，如何成长为一个革命家，在其过程中对准焦点，特别是关注不局限於一个地域，在跨越地域的界限的过程中成为革命家的体体的契机。这里所不能忽视的就是空间性。笔者关注了为成为革命家而路过的空间的具体性，及通过这一空间的过程中所经历的作为革命家的成长过程。

c. Sai A Lee, 〈冷笑的现实主义，编写其浪漫喜剧性的故事情节 ——

以金学铁的《20世纪的神话》为中心〉, 韩国现代小说学会,《现代小说研究》47刊0号. 2011, 本文通过《20世纪的神话》用冷笑的美学揭露了曾经坚信的绝对性理念的虚像。一边用金学铁式的浪漫喜剧讽刺现实, 一边考察深化悲剧现实的叙事战略。

d. Myeong Cheol Ko, 〈朝鲜族知识分子对中国盲目的近代主义的批判性反省——中国朝鲜族作家金学铁的《20世纪的神话》的问题性〉, 韩民族文化协会,《韩民族文化战略研究》22刊 0号. 2007, 本文不是把金学铁视为韩国的一位作家、一个作品, 而是要从打破界限的东亚视角进行考察。金学铁既是朝鲜人、韩国人, 又是中国人, 他体验的是东亚的体验, 所以他的文学不仅仅是韩国一个国家的国民文学, 应该重新被认识为'Nomad的主体'。

e. Ho Woong Kim, 〈作家的使命与勇气:论《20世纪的神话》〉, 淑明女子大学韩国文化研究所, 〈韩国语与文化〉 7刊 0号, 2010。
本文是在考分析《20世纪神话》问世的背景和因此部作品所导致的文字狱事件, 主题思想与国际共产主义运动的关系的同时, 考察作家的使命感和勇气, 以及与毛泽东个人崇拜作斗争的中国女性强者——张志新。

f. Kyung Hoon Kim, 〈中国的《集中营》 小说研究-金学铁与张贤亮作品比较研究〉, 国际比较韩国学会, 〈Comparative Korean Studies〉 16刊2号. 2008. 本文通过金学铁的《20世纪的神话》和张贤亮的《男人的一半是女人》, 从强烈的追求为了人类真正的自由和幸福的共同主题的这一点上, 具有很多共同点, 并与其叙事结构一起来考察文学性。

g. Kwan Woong Kim, 〈1950~60年代, 国际共产主义的运动背景下的《20世纪的神话》-为了对於金学铁的文学世界比较文学性的靠近的试论〉, 民族文学史学会·民族文学史研究所, 〈民族文学史研究〉 32刊0号. 2006. 本文中, 不仅涉及到中国的反右派、大跃进、人民公社等一连串的政治运动, 而且涉及到了苏共第20次代表大会以後的苏联的政治文化背景、中苏论战、中国与朝鲜的共产主义者内部之间的权力斗争等, 与国际共产主义运动中的重大政治事件有着密切关

中心对库切进行了诸多研究。[3] 但是，从包括反殖民主义、反帝

系性的金学铁的政治小说《20世纪的神话》从比较文学的角度，尖锐地揭露并批判了对於人类所创造的现代神的偶像化，以及对由此衍生的人性和人权的无情蹂躏。

h. 金宽雄，金正恩〈金学铁文学中的鲁迅精神的接纳和呈现〉中，叙述了金学铁和鲁迅的人生经历及性格的相似性，鲁迅的文学精神和金学铁文学之间的具体关联性，鲁迅文学和金学铁文学之间的互文性等，金学铁对鲁迅文学的接受和呈现。

i. Sang Yol Woo，〈金学铁与社会主义的事实主义的虚与实〉，韩国语文学研究学会，〈韩国语文〉 46刊 0号. 2006. 本文对金学铁的创作倾向，用社会主义的写实主义、革命写实主义、批判性写实主义等用语，对於要界定的倾向，从批判性的问题意识进行了考察。金学铁的作品很难用一句话来界定。因为他的创作呈现出复杂的局面。

3 王恩哲，〈J.M.库切的小说与美国的殖民主义/帝国主义〉--以《幽暗之地》的〈越南项目〉为中心，韩国英语英文学会，54(1)，2008.03，王恩哲，〈关於J.M.库切小说中出现的殖民主义及帝国主义——《等待野蛮人》的互文性〉，韩国英语英文学会，英语英文学50刊 1号. 2004，金贤雅，〈J.M. 库切的反种族主义的伦理学——《等待野蛮人》〉，英语英文学22刊2号. 2009，何东范，〈库切的《耻》—反省的叙事战略〉，未来英语英文学会，英语英文学 23(1)，2018.02，田小英，〈款待他人——库切的'写作'〉，韩国现代英美小说学会，现代英美小说，19(2)，2012.09，宋智妍，「再写鲁宾逊克鲁索——图尔尼耶的《邦德勒迪》与库切的《暴雨》的脱殖民主义的阅读〉，韩国法语法文学会，法语法文学研究，114，2018.06，黄正雅，J. M. 库切的《耻》〉，韩国现代英美小说学会，现代英美小说，14(2)，2007.09；白真，〈脱/界(的/中) 写作: 弗吉尼亚沃尔夫与约翰库切的女权主义〉，韩国英美文学女权主义学会，英美文学女权主义，2013.09等，有200多篇的论文。大部分是对种族主义、脱殖民主义、南非历史的暴力性、异乡人的接纳性、库切的写作等进行了多方面的的研究。KCI上介绍的库切的论文有60多篇，此外包括学位论文在内超过200篇。但是从离散的观点来看，集中考察《坠落》，《等待野蛮人》的论

国主义和反意识形态的离散观点出发，还未曾尝试对他们的作品进行过研究。在这一点上，本论文的目的是通过解析两位作家的作品所表现出的同质性和差别性来拓宽离散文学的范畴，打破以西方为中心的二元对立世界，并确立对世界体制更客观的看法。

Ⅱ. 离散朝鲜族的民众团结意识

金学铁出生於1910年後期，也就是第一次世界大战刚刚开始的时期。当时中国辛亥革命结束了清王朝，处於军阀混战时期。当时韩国发生了3.1运动、6·10万岁运动、光州学生抗日运动等，中国发生了5.4运动、3.18事件，五卅运动，4.12政变、九一八事变等，日本的侵略和压抑日趋严重。在这样的情况下，金学铁前往中国上海，加入了朝鲜义勇队，并展开了抗日武装斗争。作为中国共产党党员和分队长，他亲自参加了太行山战役，因在此次战斗中受伤，在日本刑务所度过了四年的监狱生活。由此，他的战斗精神和现实意识变得更加鲜明。光复以後，他曾在首尔和朝鲜停留，但因政治压迫，於1949年来到中国，以作家的身份展开了积极的活动。但於1957年，他卷入右派斗争，并被打成右派分子。1966年"文革"

文寥寥无几。

时期，因批判毛泽东个人崇拜和极左教条主义的《21世纪的神话》原稿被发现，被判处有期徒刑十年，并被流放二十四年。1980年12月平反以後，年过65岁的他又开始了写作。[4]

他的文学生涯可分为三个阶段。如果说从出生到光复，即在朝鲜义勇队的生活和在首尔的生活是前半期的话，那麽後半期是从光复後到1980年，发表《说吧，海兰江》、《20世纪的神话》等代表性作品的时期，即抗拒文革，从事抵抗文学的生涯。最後时期是从平反到去世，以《激情时代》为中心发表各种作品，作为中国人之朝鲜族的生活。总而言之，可以说他是从独立运动家开始经过无政府主义者最终成为了社会主义者。

金学铁是朝鲜义勇队成员，也是中国共产党员，他进行了抗日武装斗争，这是想通过中国的民族解放斗争来一并实现朝鲜民族解放运动，这可以看做是国际主义民族解放斗争的性

---

4 1982年，金学铁由朝鲜国籍改为中国国籍，并恢复了中国共产党的党籍。自此，金学铁以作家的身份再次开始了他激烈的人生，出版了数以万计的书，例如，传记文学《抗战别曲》(1983)，《金学铁短篇小说集》(1985)，《激情时代》(上下，1986)，《金学铁作品集》(1987)，《高峰期遗言》(1989)，《无名小卒》(短篇小说集，1989)，《太行山麓》(散文集，1989)，《与谁共叙旧梦》(散文集，1994)，《最後的分队长》(自传，1995)，《20世纪的神话》(长篇小说，1996)，《我的略》(散文集，1996)，《田螺里一般的世界》(散文集，2001)，《金学铁文集》(1、2、3刊，1998-1999) 等。1980年平反(於1989年恢复党籍)以後，从第二年65岁开始到去世为止，进行了旺盛的创造活动。(http://v.media.daum.net/v/20071130193108125?f=o。

质。[5] 与《激情时代》中，他强调超越国家界限的“民众团结”是一脉相承的。具有朝鲜人和中国人双重身份的金学铁，一生都在民族与国家的双重身份认同中，经历了“分离”的痛苦，是一位地地道道的“离散作家“。不向非正义妥协，不屈不挠的精神以及对权威主义和政治权力的挑战等，总之，他的作品所传递出的重要信息是作为流浪者痛苦的心境。

1. 对个人独裁和腐败的讽寓《20世纪的神话》

金学铁的现实主义精神在政治小说《20世纪的神话》中表现的最为明显。在这部小说中，他揭示了毛泽东和金日成的独裁和专横，并尖锐地批判和讽刺了由个人独裁和唯一指导体系所造成的抹杀人类的错误政治，以及腐败的共产党的极左政治路线等。

> ……客观事实是毫无用处的。只要有毛泽东教主的论断就行了。人的脚本来就不成问题。只有皮鞋才能成为标准。皮鞋被脚夹住时要立即削足适履。这是千古真理。被称为中国化的马克思——列宁主义的百战百胜的毛泽东思想所传授的有益正确的真理 …….[6]

---

5 高明哲，〈革命成长小说的空间民众性的国家联合，反殖民主义——金学铁的〈激情时代〉论〉，半桥语文学会,《半桥语文研究》22刊 0号. 2007 p243，再引用. 李惠应 94页。

当时，毛泽东的一句话既是真理也是指南。即使数百万人民死了，却仍没有人说真话。金学铁很晚才认识到毛泽东的真面目和彭德怀的落马，对中国暗淡的现实倍感挫折，并强烈抨击了当时的政策和统治。

> 把不和我意的共产主义者污蔑为宗派分子、现代修正主义分子，让他们进行强制性劳动，直到把他们逼到死为止。把无辜受害者的家属也全部变成无产阶级独裁的祭品，残酷地迫害他们。……。既然提起了曹操、毛泽东和金日成现在实施的政治专制与曹操的专制政治又有何不同呢？[7]

他把毛泽东和金日成的政治看作是曹操的专制政治，他在《20世纪的神话》中揭露了毛泽东大跃进运动的虚伪性和人民公社(事实上的强制收容所)的惨状。通过毛泽东政权捏造的所谓反右派斗争的政治错误和"右派分子"艰难困苦的生活，更加辛辣地批判了毛泽东一人专政的现状。他把反右派斗争比喻为新版的《焚书坑儒》和新版的《Bartholomew的屠杀》。[8] 在这一时期，"有意识或处於领导级别的人被打成右派分子，朝鲜族知识分子、学者、技术人员等大都从中国流亡或移居到北朝

---

6 金学铁，《20世界的神话》，《创作与批评史》，1996，21页。

7 金学铁，《20世界神话》，创作与批评史 1996，270页。

8 金学铁，《20世界神话》，创作与批评史，1996，34页。

鲜。之後，反右派斗争度过的一次关口，在1965年和1967年之间，约有70%的朝鲜族再次从北朝鲜移居到了中国。”[9] 金日成和毛泽东的独裁政治，使当时众多的朝鲜族知识分子无法在任何地方定居，只能走向彷徨的“离散”。他们在文革时期被打成反动分子、间谍被大举下放或肃清。

《20世纪的神话》中的沈祖光和林一平就是这样的代表人性物。

沈祖光是庆尚道东莱人，曾在中山大学和黄埔军校学习过，早年是抗日战争时期朝鲜义勇队的一员，也是活跃在太行山一带的抗日战士。作为中国共产党党员，又作为朝鲜族独立同盟，具有双重所属的他，直到朝鲜解放之日，一直与日本作战，1945年才回到北朝鲜。但是他受到了独裁者金日成的迫害，无法再忍受，只能逃往中国，过着流亡者和边缘人的生活。曾盲目地崇拜过毛泽东的他，到了文革时期，只因说了一句“要写真相”，以反党、反社会主义的罪名被剥夺党籍，被强制性地关在了收容所。

> 我们把生动的事实推入一个框架中，并附上版面中各自不同的提名，然後推向了世界。……道士主义的木乃伊，并用众多颜料加以粉饰後放置在文坛，我们称之为创作。……文学作品不能都成为宣传品。但宣传品也不能全部都成为文学作品。我们不

9 李广奎，《激变期的中国朝鲜族》，白山书堂，2002，99页。

要写宣传品，要写文学作品，写真相。[10]

沈祖光的形象可以说正是作家自身的投影。朝鲜人林一平是金学铁的另一个化身。曾早年有志於文学的他，大学毕业以後就成为了朝鲜族自治州唯一的文学杂志社《阿里郎》的编辑。可是1年後因一次事件[11]被打成右派分子、人民的敌人，并关进了收容所。

"如果现在李相和还活着，他嘴里还会说出'举世无双的爱国者金日成元帅'吗？还会说出'比太阳还光芒万丈的毛泽东主席'吗？请您说说看，他也堕落到了郭沫若那样厚颜无耻的地步了吗？成为宫廷诗人了吗？曾写出了游击队金队长，怎麽成了摇着尾巴像狗一样的御用诗人了呢？"[12]

上述引文体现了虽然已经解放了，但是无论在北朝鲜还是在中国都不能停留的"离散者"林一平心情。无法用事实或真

10 金学铁，《20世纪的神话》，创作与批评史，1996，112页。

11 一首名为"毛泽东时代的早晨！啊！激动人心的毛泽东时代啊！"的诗，由一位青年向阿里郎诗杂志投稿，这首诗被认为只是"毛泽东时代"，"激动人心的时代"等口号的呐喊，无法感动别人，因此，林一平被打成了右派分子，并被出版社解雇，关进了收容所。《20世纪的神话》，《创作与批评史》，1996，24页。

12 金学铁，《20世纪的神话》，《创作与批评史》，1996，230页。

相来描写祖国——北朝鲜，以及为了生存不得不选择中国。但是，被视为理想乐园的两个社会主义国家，由於高压和压迫，独裁和专制政治，使他无法在任何地方停留，最终只能被送进政治收容所。

这一时期，金学铁也是反右派斗争的牺牲者。因彭德怀的倒台，对知识分子、民主人士和革命干部镇压的绝望，使他们本想流亡苏联，但却失败了，受到了更加难以忍受的镇压。《20世纪的神话》是毛泽东的极左路线、反右派斗争，作家自身流亡苏联的失败，知识分子镇压等一系列事件为动机创作的。

当时从韩半岛来的人常常被怀疑为间谍。因为他们不是中国人，就被看作是美帝的间谍，其代表人物是徐真。他在解放那年，毕业於哈尔滨的一所五年制中学，来到延边自治州，从事了八年翻译工作。但因为涉嫌韩国间谍受到了迫害。虽然与解放後被派遣到韩国进行活动的某间谍的名字同名同姓，但这只是借口，只因其身份是北朝鲜人[13]只要是不符合毛泽东政治路线的人、发现收藏资本主义书籍的人、诽谤共产党的人、进步的知识分子、少数民族的知识分子和民族主义者都是右派分子，都是肃清对象。鲁迅曾说过，内部敌人比外部敌人更可怕，毛泽东和共产党才是比帝国主义更残酷，更看不见的内部敌人。

---

13 南宫达，安奉淑等都是朝鲜人，因此被当做有前科者被打成右派，关进了收容所。

这样，金学铁在《20世纪的神话》中猛烈地抨击了被中国共产党专横的反右派斗争和文革是多麽反社会主义、反人性的行为。书中真实地描写了朝鲜族"离散者" 的艰苦生活和朝鲜族寻找永远故乡的艰辛，以及反独裁斗争、共产党的错误、独裁者的暴力和专横等等。

金明仁对《20世纪的神话》作了如下评价，"全篇'强制收容所'不仅真实地展现了收容所的惨状，还用切实的笔触描绘了在这种惨景下也不失希望和乐观的人类的伟大。而且悲壮、诙谐与讽刺恰如其分地融入到文章当中，使读者，不至於被悲剧性的伤感主义、失败主义、没有根据的主观乐观主义或教条的历史观所牵绊，使人们对人类的未来有了坚定的信心，他取得了美学上的胜利。"[14] 另外，从整体上看，虽然存在批判性写实主义，但最终却越来越倾向於革命的乐观性和斗争性为基础的革命浪漫主义[15]吴教授所指出的恰恰说明了金学铁创作的另一个方面特点。

总而言之，金学铁以批判现实主义、社会主义现实主义、浪漫主义现实主义等，多种现实主义为基础创造了典型。

---

14 金明仁，〈一个革命乐观主义者的肖像〉，《创作与批评》2002年 春，245页。

15 吴尚热 (Sang Yol Woo)，〈金学铁与社会主义的现实主义的虚与实〉，韩国语文学研究学会，《韩国语文学研究》46刊 0号. 2006，287页。

Ⅲ. 平凡民众的成长与解放——《激情时代》

《激情时代》是一部"革命成长小说"，是一个少年经历元山总罢工等事件之後，开始意识到民族意识，最终为了民族解放与日本帝国主义进行斗争。在这部以作者本人所体验的太行山抗日运动为题材的作品中，不仅很好地表达了美丽的首尔话，而且文学形象突出，艺术价值也得到了认可。对於其艺术性，金明仁说："这部作品的开放叙事形式很好地支撑了革命乐观主义的主旋律。……金学铁的小说以多样和开放的叙事结构为主要特征。它接近於我们传统民间故事的叙事结构。作者就像是古时候讲故事的人，把自己生活中所看到的、所听到的、亲身经历的许多故事情节篡成一团，逐一地穿插在大故事情节流动的间隙。故事情节，即情节各自发展的同时，也为充分地展开整个小说做出了贡献。"[16]

《激情时代》的历史价值是不容忽视的。在金学铁这部作品出版之前，在韩国不曾知道朝鲜义勇队的存在。对此，金允植教授称金学铁记录中的最大优点就是生动地证明了朝鲜义勇队初创时期的面貌。他说："金学铁的记录可以看作是唯一能够证明朝鲜义勇队具体在什麽时候、以何种理由前往共产党

16 金明仁，〈一个革命乐观主义者的肖像〉，《创作与批评》2002年 春，249页。

的集结地太行山的记录，我说是唯一的，意思是在记录亲身体验方面是唯一的。"[17]

现实主义的主要特征之一是创造典型。在《20世纪的神话》和《激情时代》中，英雄人物寥寥无几。《20世纪的神话》中登场的沈祖光、林一平、复仇主义者、猴子、黄狸、寡妇的悲哀、活力尊官等，都是普通人，既不是引人注目的历史人物，也不是英雄。这一点在《激情时代》中也是如此。禹尚热在〈金学铁与社会主义和现实主义的虚和实〉中指出"《激情时代》在刻画人物时，"都刻画成既有优点又有缺点的普通人，没有把敌人塑造成一个似乎理所当然地成为挡箭牌的稻草人，也没有把我军塑造成传说中的英雄。"他认为，"可以毫无修饰地把不是神话，不是捏造，而是真实的历史面貌，也就是将事实原封不动地展现给世界，让人们对光荣传统充满自豪感。这相当於是他对朝鲜义勇队生活本身的强烈的自豪感的表露，使得《激情时代》写成了对朝鲜义勇队生活的实录性追求。"[18]

另外，《激情时代》的主人公超越了反帝国主义、反殖民主义的层面，展现了国际主义者的形象。作为国际主义者，他认为抗日独立运动不是狭隘的的民族解放运动，而是想从殖民者

---

17 金允植，〈抗日游击队文学的起源-金学铁论〉，《实践文学》1988年 冬，412页。

18 吴尚热 (Sang Yol Woo)，〈金学铁与社会主义的现实主义的虚与实〉，韩国语文学研究学会，〈韩国语文学研究〉 46刊 0号. 2006. 293-294页。

近代野蛮和暴力压迫中实现弱小民众的真正解放，有更深远的意义。因此，读者应该从船长身上注意到，船长作为革命家，在成长过程中所表现出的民众团结精神的真实性。[19]

例如，以下的故事充分说明了这一点。在中国餐厅工作的侍者(跑腿儿的人)跟朝鲜人木匠进行了大幅的讨价还价，低价购买了木头。目睹这一情形的船长对中国人侍者产生了一种民族性的歧视感。但是，低价购买木头的侍者，却把其中的利益施舍给了用石笔画画的朝鲜穷孩子。看到这一情景的船长开始反省，产生憎恶之心是一件多麽可耻的事情。作者想通过这样的场面，传达超越民族歧视的民众团结的宝贵价值。

另外，作家认为，即使是朝鲜人，如果将毒品流通到中国和日本，赚取巨额资金，那麽他也是作为资本主义走狗打倒的对象。抛开国家与民族的界限，只要是对任何民族有危害的人，那就是敌人，是应该铲除的对象。

这种基於民众团结意识的国际主义认识，是贯穿《激情时代》最重要的问题意识，与反殖民主义、反帝国主义有着紧密的联系。虽然是日本人，但清醒的知识分子却想与朝鲜劳动者团结起来，想通过民众性的国际联合，建立起没有压迫和剥削的理想社会。作者的这种意图在小说一开始就很好地描绘了出

19 高明哲，〈革命成长小说的空间民众性的国际联合，反殖民主义——金学铁的《激情时代》论〉，半桥语文学会，《半桥语文研究》22刊 0号. 2007，244页。

来。主人公徐船长虽然是个少年，但是在元山港的工人罢工中，看到支持工人罢工的日本工人那里，学到了对民族问题、社会问题和人道主义的意识，而以下元山港的总罢工是改变其意识的重要契机。

> "就在这时，在船舱贴近码头准备靠岸的名叫'敦贺丸'的货船的甲板上，正在观看的日本船员们突然高声呐喊，并跺起了脚。只听，他们喊道……罢工万岁!，兄弟们!坚持下去!
>
> 这就像信号一样,(中略)……这到底是怎麽回事。无论怎麽琢磨都弄不明白。日本人居然站在朝鲜人这一边。船长的嘴里好像有一块怎麽嚼都嚼不破的一块硬团儿。让十三、四岁的孩子的牙去咀嚼这样的东西未免有些牵强了。[20]

以後，成为青年的他摆脱狭隘的民族主义，向克服殖民地现代化，向反殖民地燃起了斗争之火。通过《激情时代》的船长，金学铁开始珍惜超越国家之间界限的民众的存在，他希望通过民众之间的团结来克服帝国主义不均衡的现代化。[21]

以人道主义为基础的《激情时代》是超越排他性民族主义、反殖民主义、反帝国主义的文学，开启了能够唤起国际之间团结的可能性，为解决东亚、非洲、中东纷争，而谋求和平，是我

20 金学铁,《20世纪的神话》,《创作与批评史》, 1996, 191-192页。

21 高明哲，同上，245页。

们宝贵的“离散文学”。

Ⅳ. 作为殖民地开拓者和加害者的反省意识

约翰·库切(John Maxwell Coetzee)於1940年出生於南非开普敦。祖先是荷兰布尔人，他们统治南非长达半个世纪。‘库切(coezee)’ 英式发音。他不是用南非荷兰语写作，而是用英语写作。他的小说以精炼的文章，丰富的对话和清晰的分析为特点。

他在开普敦大学攻读数学和英语专业，於20世纪60年代初移居英国，此後前往美国，在德克萨斯州大学攻读语言学并获得博士学位，并在一直呆到1971年的弗法罗纽约州立大学教英国文学。他开始写小说《幽暗之地》(Dusklands)是在弗法罗(Buffalo)。这部小说讲述了关於越南战争的故事和荷兰裔白人把非洲土著人的殖民化的轶事，作者通过并置不同时代的故事，探索了殖民主义的本质。他从1968年开始申请美国永久居住权，但由於他曾参加了反对越南战争的示威，最终未能成功。1970年3月，作为45名教职员工之一，他因占据该大学的Hayes Hall而被刑事立案。後来，他回到南非，担任开普敦大学的英国文学教授，直至2001年。

两次获得布克奖时，他因不赞同商业性的信念而未在颁奖礼上露面。多少有些倾向於隐遁型的作家库切，终於以批判黑白歧视混乱的南非社会矛盾和残忍的种族主义，西方文明的伪善而得到认可，2003年最终获得了诺贝尔文学奖。比起直白的表达方式，他的作品表现得更具有友谊性，整体作品融入了女权主义、後期结构主义、後现代主义等现代西欧社会的多样性的议论。与直接揭发不合理现实的同僚作家纳丁·戈迪默不同，库切喜欢使用的方式是通过使用托寓的间接的说话方式。

对此，王恩哲认为，库切的美学特征有两个，一个是与现实主义保持距离，另一个是追求简约主义。库切要麽被称赞为有勇气的作家，要麽从完全相反的角度，被谩骂为着眼於"力比多语言满足感"的作家。[22] 南非的第三世界现实，虽然要求作家对其进行具有揭发性和教训性的写实主义，但是库切拒绝了，他用自己独有的写作方式猛烈地剖析了白人作家的"原罪意识"，同时暴露出其局限性，是一位正直勇敢的作家。对於作家来说，远离时代、历史和政治现实是不小的负担。作家很容易被不安和一种罪恶感所迫。即使受到了同僚非洲作家们攻击他的作品缺乏批判意识、斗争意识，但库切仍不愿通过写现实主义小说来为黑人代言。对此，王教授解释道，"这是为了杜绝作为白人作家的自己在这样做的过程中，不知不觉地在文本中会投射虚假或优越感，以及自我满足感。[23]

22 http://blog.naver.com/PostView.nhn?blogId=flipitup&logNo=70170023688。

库切於2002年退休后移居澳大利亚。但是，脱离南非现实所写的文章——比如，依然是在探讨移民问题，他以零度情感撰写了青春和老年生活，从《慢人》开始，到《夏日时光》、《某个倒霉年份的日记》等，——与评论家的赞赏不同，大众并没有给予太大的反应。从他的作品中可以看出，库切眼中的南非是黑暗的。虽然背弃了祖国，但或许对他来说，最难忘的回忆就是在南非作为殖民地开拓者的经历。正如批评家们所称赞的那样，“如今英语圈最伟大的作家”库切，他作为一个无法改变的加害者立场上的非洲人，带着责任意识去生活，也无法改变他是命中注定的离散作家。

1. 文明化之名的隐匿的帝国 ——《等待野蛮人》

小说是以作品出版五年前的1976年索韦托暴动(Soweto Uprising)为背景创作的。此时，南非的历史和反种族歧视运动迎来了转折点，在索韦托起义期间，南非西南城市Township(被南非支付强行迁移过来的黑人的地区)的约15万至20万学生游行来抗议政府的教育政策。在黑人分离地区使用非洲语(南非的荷兰定居者的语言)的这一政策存在很多问题，特别是由於学习困难，这一语言在学生和教师中都鲜为人知。虽然示威以和平的方式开始，但最终警察向学生开枪，至少造成176

---

23 与以上注释相同。

人死亡。之後，在全国160个黑人村庄发生了示威。14,000名学生展开了反对南非政府的抵抗运动(Umkontho we Sizwe)。1977年，反种族主义运动家史蒂芬·维科(Steven Biko)被政府逮捕，被扣押18天後死亡，库切在小说中提到了他的死讯。一名逮捕维科的军官说："当时发生了争吵……维科先生的头部撞到墙上後便倒下了"。不过，最终维科遭到了严刑拷打的事实还是被发现。这难道不是我们所熟悉的场景吗？这不得不让人想起1987年朴钟哲因"啪"一声敲了桌子，"哎呦"而倒下的拷问事件。

在《等待野蛮人》中，作者通过一个治安法官的内心独白"如果说文明是腐蚀野蛮人所拥有的美德，使他们成为从属者的话，那麽我就站在反对文明的立场"，对帝国的矛盾和不合理性进行了质问。在这里"野蛮人"的概念所显示出的是把白人所异化的有色人种的劣等性进行内在化，这只不过是为了有效地夺取权力而附上的名字而已。[24] 帝国之所以不断致力於"打造野蛮人"，是因为如果压迫对象——野蛮人不存在的话，帝国将不再有任何意义。因此，作家将焦点放在了通过为了帝国的实现诸如白人共谋性的"第三空间"，挖掘隐藏的帝国的领域，从总体上唤醒南非的现实。[25]

---

24 金贤雅 (Hyun Ah Kim), J. M. 库切的反种族主义的伦理学——《等待野蛮人》, 21世纪英语英文学会,《英语英文学21》22刊 2号. 2009, 34页。

《等待野蛮人》的主人公是某帝国的边防治安法官和流浪者。他因同情与父亲一起抓来的野蛮人女儿，然後把她送到了部落，而被帝国主义者Joll上校关进了监狱。几经周折後，主人公终於从监狱中放出来，事实上重新扮演了治安法官的角色。主人公虽然批评Joll上校用暴力手段来维持帝国，但他也不否认自己也是用温情的手段来为帝国永久化做贡献。他意识到对遭受残酷压迫和剥削的"野蛮人"的同情，正是殖民地开拓者的原罪。殖民主义的精神支柱开始动摇的同时，他现在既不能进入殖民地开拓者的行列，也不能进入殖民地土著人的行列，在精神和肉体上都面临着双重的流离失所。这样，《等待野蛮人》中突出的美德超越了殖民地开拓者的反省和忏悔，超越了帝国主义和土著人，加害者和受害者，殖民主义者和被殖民主义者，白和黑等的二分法，同时通过拒绝顺应体制的进步性人物，自内而外地揭露了体制意识形态的虚伪性，凸出了自身对此的共谋性。通过这样做，库切越过了现实主义作家经常掉进的陷阱；越过了边偏袒弱者，边使自己合理化或在此过程中表现出自己道德优越感的倾向。

《等待野蛮人》讲述的是西方帝国主义对土著民族的文化歪曲和语言暴力成为了南非种族矛盾和全球种族矛盾和暴力的根源，是库切的一部力作。库切真实地描写了为了帝国的存

25 与以上注释相同。

续而不得不存在的野蛮人，和想要支配他们的人的暴力和压迫是超越时空而存在的。

库切吐露了目前西方世界的担忧。例如，美国与伊拉克为寻找核武器而战争就是如此。伊拉克没有核武器，也没有制造核武器的铀。伊拉克的野蛮人就是因美帝国主义没有其他对策而产生的。把他人界定为野蛮人的战争是真正的解决方法吗？《等待野蛮人》向全球人民询问了在这场战争中真正的野蛮人是谁，其解决办法是什麽。

2. 殖民统治的弊病与帝国主义的悖论 ——《耻》

《耻》是一部以南非为舞台，探讨黑白间的矛盾和暴力的原因，殖民统治的弊端和帝国主义留下的後果的作品。库切正面阐述了殖民地和後殖民主义的问题，并显示了他的真面目。

南非多年来一直被种族隔离制度所统治。意味着"隔离、分离"的种族隔离政策，从1948到1994年一直维持至今，这是一项官方政策，在少数白人的控制下，黑人的权力受到了严重的限制。黑人并没有被看作是合法的市民，他们只能去另外的学校和另外的医院，只能接受额外的公共服务。黑人被剥夺了公民权，分在了被称为Bantustans的自治部落生活。

小说是从带有这种种族歧视阴影的远在南非西部的开普敦开始的。主人公David Lurie作为充分享受既得利益生活的离婚男子，展现了典型的白人生活。他目前担任开普技术学院(Cape Technical College)的通讯副教授，是讲授浪漫主义诗人的教育家。可是，由於没有对性骚扰进行忏悔而被学校开除。他找到了女儿所在的乡村农场，努力地和当地人融洽的相处。有一天， 三名土著人强奸了他的女儿路西(David Lucy)，他也遭到了殴打。路西这样告诉父亲自己被黑人强奸後的感受：

> “这是很私人的事。他们就像对我有私人恩怨一样才对我做了那样的事。这比什麽都更让我胆战心惊。剩下的……是意料之中的事。可是他们为什麽这样憎恨我呢？我一次也没见过他们。”[26]

他向女儿解释道：

> “那是因为历史是通过他们来说话的。这是罪恶的历史。……这可能是我个人的想法，但事实并不一定如此。那是从祖先那里传下来的。”
>
> “但这并不意味着容易接受。我曾经是憎恶的对象，这种冲击感对我来说至今无法消除。一直在其影响之中。”[27]

轮奸给路西带来的伤害并未结束， 她竟然怀上了不知是他

26 王恩哲译，J.M库切著,《耻》，东亚日报社，2000. 4. 1印，235页。

27 同上。

们其中谁的孩子。她作为个人成为了种族歧视和殖民统治的替罪羊。父亲Lurie希望女儿能摆脱黑人的魔掌，成为文明人。他劝女儿能和自己一起回到城里。但路西认为，她把自己所经历的事件视为一种无法回避的通过仪式，为了在这片土地上与他们共存，她必须付出的代价。不文明的世界、野蛮的空间、黑人的居住地、南非Apartheid拥有的黑暗、女儿的痛苦，看着这一切，David Lurie不理解为什麽这些灾难会落到自己头上。

这是作家的政治思考，也是对历史的反思。小说的情节发展得越发让人绝望。现在父亲Lurie已经没有力量去保护女儿，邻居黑人Petrus也没有意志以正常的方式来保护路西。作为个体，路西以接受命运的方式包容并接受了因殖民地历史和种族歧视而产生的仇恨。她没有别的选择权，只有去面对耻辱、罪恶和仇恨的现实。最後，路西成为了土著人的第三个小妾，自己的土地也被转到了丈夫的名下，反过来成为了真正的奴隶。这就像，当时的殖民地历史一样，用暴力手段来实现自己的目的。

> "是的，我也是这麽想的。很屈辱。但或许这是重新开始的一个好的开端。或许我要学会接受它。要学会从底层出发。一无所有。不是还有一点的状态，而是一无所有。没有卡、没有武器、没有财产、没有权力、没有威严……像狗一样……是的，像狗一样。"[28]

女儿路西是想在黑人地区农场定居下来并为此而努力的开拓者。路西说，如果作为留在那片土地的代价而不得不向黑人付出什麽的话，即便是服从和从属也会接受。忍受耻辱的生活的黑人女性的生活将原封不动地转移到白人女性路西的身上。这样，这对父女逆着时代而行所遭受的耻辱、堕落，正是源於从伦理性层面彻底解剖同族的库切的创作精神。

这部小说最大亮点在於完全没有种族和解的人道主义信息。作家为了传达信息，没有对人物进行擅自调整。直到最後，主人公也不过是作为第三者而关照的"客人"，矛盾没有解决，小说就结束了。库切是一位著名的作家，他在发言中提出文学要远离当代历史。[29]生活在压抑的南非，必须与历史状况保持距离，这是为了客观地展示帝国主义所留下的後果和副作用。沉浸在殖民地开拓者的原罪意识中无法自拔的库切，作为流浪者、边缘人，毫无保留地展现了其反省的面貌，因此这部小说从反面获得了更加强烈的真实性。

Ⅴ. 结论

本文以金学铁和库切两位作家共同探讨的主题——以半殖

28 王恩哲译，J.M库切著,《耻》，同上文，309页。

29 Lee Seok-gu，库切的〈《等待野蛮人》中出现的自由主义和寓言问题〉韩国比较文学会,《比较文学》Vol.46 No.0 (2008)，5-6页。

民地、反帝国主义、反意识形态为中心，来考察他们的代表作《20世纪的神话》、《激情时代》、《等待野蛮人》和《耻》。他们两位都带着作为异乡人的身份认同问题，反对帝国主义侵略和压迫，拒绝殖民统治，与意识形态的虚伪性和种族歧视，独裁者专横等的巨大权力相对抗。

金学铁将共产主义理解为人道主义及其民族性，而不是个人崇拜或个人独裁。[30] 他的作品大多是立足於现实主义，以他自己的亲身经历为题材的自传体小说。他创作"典型"来反映民众疾苦，同时反对帝国主义、殖民主义、追求脱权。

《20世纪的神话》中很好地体现了反右派斗争和文革时期的离散者朝鲜族的痛苦。对毛泽东和金日成的个人崇拜和偶像崇拜举起反旗，在揭露独裁者的专政、挑战权威主义和政治权力的该作品中，不仅包含了朝鲜族寻找永远故乡的离散作家的痛苦，而且还反映了攻击意识形态虚伪性的清醒的知识分子和人道主义者的作家形象。

《激情时代》所讲的帝国主义的殖民统治，通过民众联盟来实现弱小民族的真正的解放追求。该作品中不仅有作家的反殖民地、反帝国主义思想，还显示出了摆脱封闭民族主义的国际主义的面貌。

如果说金学铁是主动选择中国，积极地与现实作斗争，试图去改变历史和政治并把现实直接展现出来的话；那麽，库

30 金浩雄，金海洋编著，《金学铁评传》，实践文学社，2015年 4版，304页。

切并没有直接表现出加害者、受害者、统治者和被支配者之间的关系，而是与政治保持一定的距离，内在的暴露了其社会和体制的真实状况。

《等待野蛮人》越了帝国主义者和原住民、殖民主义者和被殖民主义者、黑和白的二分法，推崇拒绝顺应体制的进步性人物，内在地暴露了意识形态的虚伪性，同时也凸显了自身对此的同谋性和反省。

《耻》作为典型的离散文学，内在地表现了流亡者所遭受的排斥、侮辱、反省和後悔。主人公从殖民地开拓者成为流亡者的过程，揭示了更深的殖民主义历史问题。随着脱殖民时代的来临，主人和奴隶的位置发生了颠倒，这一边使读者对历史进行反思，一边回顾当今世界的经济殖民战争。

库切被同僚作家和左派批评家恶毒地攻击为：疏忽个人命运和社会关系而撰写具有讽刺意味的小说。但作为殖民地的开拓者和流浪者，他“不顾一切地指责和批评，即试图将‘暴力的等级秩序’的实体和虚像从内部进行解体，他这样做使只倾向於现实主义的南非文学变得更加丰富。”[31] 王恩哲教授的言论恰当地说明了库切的文学世界。

两个人都提倡反帝国主义和殖民主义，如果说库切是指向脱离权力，批评意识形态虚伪性的反种族歧视作家和自由主

31 王恩哲，《J.M.库切的对话性小说》，2006，太学社，23页(再版)。

义者的话，那麽金学铁就是反对独断专行，主张意形态的健康社会主义者和人道主义者。如果说库切以反现实主义的後现代手法[32]暴露了作为殖民地开拓者的反省和流浪者的痛苦；那麽，金学铁则立足於现实主义，把黑暗的现实、权力的专横和民众的痛苦真实地描写了出来。

这样，两位作家的创外表上看似对立的轴心，但却像莫比乌斯带一样交织在一起。在母国和居住国两个共同体之间，不能把自己完全等同於某一个共同体或完全不等於其中时，从这个意义上说，两个人作为边缘人、作为离散人，终究没能离开他者性的位置。

韩国文学和非洲文学仍然是避开世界文学中心的边缘文学。一直以来，以西欧为中心的讨论主要倾向於将西欧和非西欧界定为对立关系。可以说，本文摆脱了以西方为中心的世界文学框架，是东亚文学向非洲文学伸出的一种联合的手势。在地球的另一端，在不同的文明圈中，我们期待能重新唤起两位作家曾经批判过的帝国主义、殖民主义、法西斯主义和暴虐政治等，这项工作将超越不同的生活范畴和语言的区分来扩大离散文学的界限。

32 他一面把要求具有反抗性的现实主义文学的时代要求视为狭隘的东西并予以反驳，一面在南非引进了具有私有性、观念性、反现实性、後现代主义的文学。他的小说不断与世界其它文本形成相互关系，‘寓言化’的形成也正是源於这种勇气。与以上注释相同。

Ⅱ

北美华文文学

黑色 苦难 文化

— 论严歌苓《非洲手记》

Ⅰ. 绪论

进入20世纪80年代，再次掀起了海外移民的浪潮，这群具有良好知识背景的新移民涌入到异乡文化语境中，一改以往移民者专注于改变海外生活困境的姿态，而更加关注自我文化身份认同和着力于融入主流社会文化语境。他们用中文进行海外文学写作，一方面对自身海外生活的文化困境进行书写，另一方面对母国文化进行回望，呈现出“海外+家国”的创作模式，尤其是对“家国”的书写又主要表现为对母国历史文化再诠释的过程。对世华文学的划分主要以地域性为标准来展开，随着新移民文化群体走出国门，世华文学也再次呈现出蓬勃生机的发展趋势，赴美学者陈瑞琳将世华文学划分为五大板块[1]，而近些年北美华文文学成为了又一个文化研究重镇。北

1 陈瑞琳：“通常被学术界分为五大版图，即台港澳文学、东南亚文学、北美华文文学、欧华文学及澳华文学。”引自《跨文化视野下的北美华文文学》：北美华文文学研究的新突破，中国作家网，2014年1月。

美华文文学具有漫长的发展史，从草根文学到留学生文学，再到新移民文学，涌现出了大量重要的移民作家，而80年代进入北美文化场域的严歌苓不仅成为了北美新移民代表作家之一，甚至成为了世华文学的重要代表作家。

严歌苓的海外创作大致可以分为两大版图：一是女性的海外经验书写；二是女性的家国经验再体识。无论是原乡还是异乡都以女性为文化观察主体展开叙述，女性也成为了世华文学创作中的一大特点。严歌苓笔下的女性海外经验主要集中于海外生活困境、文化纠葛与性别忧虑的三重书写，当她重新回顾母国历史文化时，仍然继续了女性性别与文化体征，以女性为承载体或受难体的形象来重新审视和书写母国历史。严歌苓一直保持着文学创作的产量，她几乎每年出版一本新书，不仅如此，她的文学作品也被翻拍成大量的影视剧作，从文字性书写翻译成图片式记录，严歌苓式的故事被更加形象化地呈献给读者与研究者，因此，对严歌苓文字创作与影视改编的研究也形成了相当的规模。然而，在"海外+家国"式的故事之外，她在2016年还出版了一本非严歌苓式故事的文集——《非洲手记》，脱离了家国故事的写作模式，同时又非一般性再现海外经验的书写。

《非洲手记》是严歌苓出版的非小说形式的随笔集，也带有旅游文学的印记，共收录24篇随笔。这是严歌苓陪同丈夫前往尼日利亚出任外交官时，对自己非洲生活的一次记录，带有极强的私人化写作的特征。笔者认为应该注意两个方面的问题：一方面严歌苓非洲经验的写作内容和文化思考不同于她前往美洲大陆时的小说写作。从地域范畴上来看，虽然都是对新移民海外经验的记录，但其写作的文化主题与意义却完全不同，对于美洲大陆，严歌苓所反映的是文化融入的心理，而她对非洲只是文化参与的姿态；另一方面严歌苓进入非洲文化场域中的文化身份与文化心态与以往不同。严歌苓和白人丈夫进入美国使馆生活，东方黄种人女性在白人文化空间对黑人文化世界进行观察，她穿梭于白人与黑人文化之间，尽量保持了观察者的文化中立性，甚至还夹杂了东方与非洲文化相似性的比较书写。因此，严歌苓的《非洲手记》是以手记的形式记录对非洲内部文化现象思考的文集。

严歌苓的《非洲手记》主要呈现了她在尼日利亚的生活状态，不仅包括对非洲地理、风俗、人文等多方面的描写，也包括对使馆内部生活的勾勒。笔者认为，这不仅是严歌苓对非洲经验的记录，更是发现非洲文化的过程。因此，笔者将以《非洲手记》为例，对严歌苓独特的非洲经验进行解读，尝试发现她对非洲文化内部现象的发掘和对母国文化的反思。

Ⅱ. 黑色：黑皮肤-白面具-黄种人

非洲大陆的种族群体以黑人为主，黑色成为了非洲大陆的代表色。对于非洲的认知，普遍以贫穷、疾病、纷争等词汇进行总结，这属于地域性研究的认知，那么，对非洲文化研究的核心应该定位于何处呢？笔者认为，应该从黑人的种族心理入手。黑人批评家法农认为："经历漫长的殖民统治，黑人的心理发展变得极不健康。黑人只能被动地接受白人眼中的'黑人典型'，而找不到自己真正的样子。"[2] 这段话就揭露了非洲种族心理上"黑——白"的殖民话语结构：一方面黑人拒绝白人的文化价值体系，对白人在种族与文化上的俯视性视角表现出排斥心理；另一方面黑人又在潜意识里接受或是习惯于白人的文化价值观，他们改变不了种族上"黑"的基因，却在文化心理上希望植入"白"的元素，因此，黑人就失去了代表本族文化的纯粹性，而成为了反映白人文化的替身。

严歌苓对非洲种族的心理进行了探寻，她通过不同的文化主体对"黑/白"的文化结构进行观察，发现黑人种族文化心理变异的同时，也对白人的文化心理进行剖析。

第一层面，鱼吧"蹭吃"的文化现象。鱼吧是尼日利亚盛行的餐馆，快捷、随意、打烊晚的特色成为了驻外人员和本地人时常光顾的地方，这是极具非洲本土性特征的文化空间，并且表现出了对各种文化的包容性。然而，"蹭吃"文化现象的主体主要是非洲女性，她们自然地出没于白人的各种聚会上，一

2 陈滢巧、方孝谦：《图解文化研究》，台北：易博士文化，2006年，第146页。

来以免费吃喝暂缓一下窘迫的生活；二来"也许当地女人想结交外国人以脱离这个贫穷的国家。……随时冒着牺牲尊严的危险，寻找一个渺小得几乎不存在的机会。"[3] 非洲女性将脱离贫困之路寄希望于寻找白人男性，她们的文化心理中就形成了"白>黑"的认知模式，而"女性"的生理性别体征成为了非洲女性脱离物质生活与改变文化身份的唯一途径。

第二层面，"发配"非洲的文化意识。严歌苓对被派驻非洲的美国外交官的心理进行了揭发，"发配"成为了他们进入非洲大陆的共同认知，从文化心理上来看，他们对非洲的地理环境与文化环境都表现出了绝望、悲哀与排斥。不仅如此，严歌苓还提及美国使馆内部的生活大院都以美国著名的地名或建筑名进行命名，包括"亚特兰大"、"康奈尔"、"哈佛"等，美国外交官将美国城市从文化空间的角度"移植"到非洲，可以发现这是他们所建立的隔绝于非洲大陆的文化想象空间，是独立存在的白人的"桃花源"世界，它最大限度的拒绝黑色文化的闯入，而保持文化意义上的歧视与不认同的姿态。

第三层面，关于"吃"的文化想象。王德威曾在讨论鲁迅祥林嫂的人物形象时指陈了口腔的双重功能："吃"与"说"。[4] 很显然"说"的功能需要主体与客体的相互作用才能实现，而"吃"的

---

3 严歌苓：《非洲手记》，人民出版社，2016年，第97页。

4 王德威：《历史与怪兽：历史，暴力，叙事》，麦田出版，2011年，202页。

动作只需主体本身就可以独立完成。严歌苓记录了白人在非洲文化语境中取消了嘴“说”的功能，即正面拒绝了与黑色文化进行交流的通道，回避文化输入和文化输出的双向选择，而只发挥“吃”的输入功能，即对非洲饮食文化的摄取过程。然而，严歌苓的特别之处不仅限于对通过“吃”来单调地展示非洲独特的饮食文化，还讨论了“吃”的食物链两端主体的关系。严歌苓抛出了：吃，何罪之有？的问题，在尼日利亚的生存环境下，“吃”成为了最需要解决的问题之一，但严歌苓马上找出了“不定谁吃谁”的答案，表面上看来，人/自然在“吃”的两端互相纠缠，“摄取/破坏”、“吃食/死亡”成就了两者互为制约的关系；从文化角度上来看，严歌苓提出了历史并非单行道的观点，而所谓的“黑/白”文化难道不会表现为双行道吗？

第四层面，黄种人锅具的文化批判。严歌苓对文化思考传达的力量之所以震撼就在于她不只徘徊于“黑/白”的文化结构中，还充分发挥了自身的文化主体性，掺杂进他文化元素进行再关照。严歌苓由一套锅具引起了第一世界与第三世界之分，她还调侃道自家的锅具在大跃进时期可能会随时被扔进熔炉为炼钢做贡献，然而更为关键是这里的第一世界和第三世界已不再是“黑/白”的对立，而是“黄/白”的纠纷，黄种人的文化痕迹在“白”的文化世界中被严格地区别开来，和“黑”文化殊途同归，但严歌苓的“烂锅具烧出好菜才是本事”的宣言强调了文化主体性对自身文化身份认同的重要性，“黄种人的锅具”不仅只是厨具，还成为了东方文化的缩影，严歌苓的“烂锅好菜论”无疑对西方文明的殖民性和歧视感进行了正面地挑战，而更是“文化弱者”的非洲“黑”文化也需要打破“白”文化俯视性观察的桎梏而实现独立文化主体性的要求。

第五层面，非洲面具的文化象征与启示。面具成为严歌苓观察“黑”文化的一个媒介，非洲艺术家将文化的想象力赋予面具的同时，也使其充满了文化的象征与隐喻。面具不仅表现了非洲随性的艺术性，也呈现了非洲的风土民俗与人文气质，而严歌苓发掘了面具所包涵的对种族民主意识的文化隐喻，将面具的仲裁与表现集体意志的文化意义与西方世界的民主议会制进行对照，对现时代的文明起源进行思考，她发现非洲面具所具备的民主意志内涵要比“白”文化所谓的民主早上几千年，严歌苓一方面对所谓的西方文明进行了再思考；另一方面也对非洲文明进行了再认识。她要向非洲的黑皮肤族群强调民族主体性与文化认同感的重要性，“黑”与“白”之间不存在着先进/落后的二元对立关系，甚至有时还呈现出“黑〉白”的文化结构，因此，严歌苓呼吁任何族群在文化面前都应该保持“畏惧心”，而非“上/下”的文化俯视或仰视。

非洲族群缺乏文化主体性的自我认同，根源还在于对民族文化认同的缺失，法农揭示了黑人种族“黑皮肤+白面具”的文化悲观心理，这不仅造成了本土文化主体性丧失的悲剧，还构建了畸形的文化格局。而严歌苓一方面为黑皮肤寻找到“黑面具”，拒绝成为白人眼中的“黑人典型”，向“白”文化发起挑战；另一方面她以东方“黄种”元素进入“黑/白”的文化对峙场域中，揭露白人自我设计的畸形文化心理的同时，也强调对自身文化的认同，拒绝做文化的被害者，也应警惕成为文化的加害者。

Ⅲ. 苦难：苦难意识-苦难书写

非洲大陆自18世纪以来，经历了漫长的、多民族侵入的被殖民历史，其本身极端的自然环境、种族被殖民经验和外部文化殖民氛围的共同作用，造就了非洲大陆充斥着苦难的社会现实与文化语境。不论任何地域的人类社会发展史都是一部苦难史，因此，“苦难”成为了人文书写的共同关键词。

严歌苓本身也具备充分的苦难经验，结合她文学写作的两大版图，笔者认为她的苦难意识包含三个面向：一是海外苦难经验。不论是《扶桑》还是《寄居者》，都是对海外生活苦难经历的书写，可以总结为生活困境、文化困境与性别困境三大板块，从根本上来看，这也是新移民共同面临的具有普遍性的苦难叙事课题；二是中国苦难经验。和前者相比，后者所包涵的苦难意识更具独特性，这是属于中国-中国人的苦难记忆，可以分为三个方面：(1)民族的苦难叙事——抗战史，其中《金陵十三钗》最为直接地记录了中国人(女人/军人)的苦难历史；(2)生存的苦难叙事——三年自然灾害，她的《第九个寡妇》、《床畔》等都有记录全中国面临饥饿的历史片断；(3)文化的苦难叙事——文革，这是严歌苓着墨最多的主题，无论是《雌性的草地》、《天浴》，还是《白蛇》，都呈现了中国的文化危机和摧残人/人性的人文悲剧；三是个人苦难经验。这是极具私人性特征的经历，其中最重要的一点便是在军队文工团的经验，在最近饱受热议的《芳华》中，严歌苓就以回忆故事人的身份讲述越战时期文工团里的故事，这不无与她的文工团经验有关。海外·中国·个人的三重苦难经验让严歌苓的苦难意识呈现出多面性与丰富性的特征，并让她能够重新审视苦难，从苦难经验的叙事中得到人文悯怀的文化心理。严歌苓正是具备多重的苦难意识，才能够重写家国史，才具备更深情、更开阔地叙事视角。

严歌苓在对非洲尼日利亚进行书写时,就将苦难意识带入到了对非洲的观察体系中，她避开政治文化话语的严肃性与生硬感，而从日常生活中发现苦难，进而尝试发现造成苦难的根源。严歌苓以观察者的身份，从身边具体的生活入手，主要表现为以下几个方面。

第一层面，从城市建设角度来看。严歌苓着重通过对阿布贾城市的观察来呈现，其中又表现为两个具体视角：(1)"行路难"的真实隐患。她对阿布贾的交通现状进行了记录，奥卡达(摩托车)填补了这个首都城市的公共交通工具的空白，"首都一摩托车”的组合表现出了违和感，奥卡达在阿布贾不可或缺，而有趣的是使馆规定任何人不允许乘坐当地交通工具，当地社会主体的“不可缺”与外部文化主体的“不允许”就呈现了交通现状的落后面貌与存在的风险性。更有趣的是，严歌苓将奥卡达的高风险性与非洲疾病、压榨、杀戮进行了对比，结论不在于奥卡达对生命威胁的程度，而应该注意到非洲本土危机四伏的苦难现实；⑵城市空间的设置。严歌苓呈献给读者两种空间视野感受：一是“城市绿化”与“自然绿色”的对照，她将中美两国对“绿化”的处理与非洲顺其自然的态度进行了比较，充分表现了非洲城市给人的舒压性，让人走出紧迫感，反映出“人为/自然”的对立；二是非洲城市内部两种极端的建筑布局。阿布贾城市空间中除了外国使馆、总统府，就是贫民窟，两者形成了相冲突的文化阵营，这里所表现的是“白—黑”与“黑—黑”的两大贫富矛盾。因此，严歌苓将非洲的苦难意识通过人类文明的虚无感和原始自然的自由感的冲突表现出来。

第二层面，从生存环境角度来看。生存一般涉及具体的生活事件，有趣的是严歌苓都是由自身的生活经验来反映非洲恶劣的生存状态：⑴饮食生活的匮乏。如上文所述，“吃”成为外来者最先解决的重要议题，非洲饮食具备了危险性与匮乏性的特征，严歌苓结合自己的生活经验提到非洲的“绿菜”和“红鱼”甚至改变了她的食性，非洲将所有绿色的蔬菜都命名为“绿菜”，而食感又不符常情，甚至因为海鲜的缺乏被小贩戏耍，从而使得严歌苓自行种植来解决对蔬菜的需求。然而，在严歌苓种植生活体验中发生的“化肥事件”又引起文化反思，即，驻非使馆与上海租界的文化空间对照，严歌苓从历史的长河中发现了与非洲人文化“平等感”的共鸣，她想向非洲人传递的就是对自身文化主体性的认同感；(2)生活设施的无保障性。严歌苓特别书写了“断电事件”，断电为非洲鼠侵入民宅提供了便利，而人需要随时处于断电的备战状态等，这里再次显示了非洲的原始性，但由断电引起的危机不仅在于日常生活秩序被破坏，还在于警匪不分的社会危机。严歌苓从自己的生活出发，对非洲的生活空间和社会秩序进行了关照，其中所包含的文化反思不言而喻。

第三层面，从文化氛围角度来看。严歌苓以自身为观察者，从文化“闯入者”与“在场者”两大文化主体的视角来考察非洲文化氛围：(1)严歌苓在肯定非洲生活趣味性的前提下，在进入驻非美国使馆后，由殖民时代的家具引起了审美焦虑，这是白文化侵入的痕迹，不仅如此，严歌苓还介绍了因为阿布贾的文化生活非常匮乏，所以这群文化“闯入者”组织了使馆间聚会的“快乐时光”，然而即便是使馆间的活动，也会受到本地生存与文化环境的限制而取消，因此，对于文化“闯入者”来说，他们拒绝非洲文化的侵入，反之却也长期保留受制于非洲文化的印象；(2)对于文化“在场者”来说，物质生活的匮乏并没有毁坏他们精神上的需求，伊斯兰教徒坚持每日的祷告，在一切匮乏的非洲，他们不纠结于是否在清真寺里，而形成了“流动清真寺”的独特文化现象，再有严歌苓还记录了一群基督教徒在破败的教堂做礼拜的场面，他们虔诚于各自的精神文化信仰，然而信徒们精神寄托的场所还有可能在政府的“不破不立”的口号中荡然无存，因此，非洲居民面临的很有可能是物质生活与精神家园的双重性毁灭；(3)另外，严歌苓还提供了国际性的视角，通过参加“Hash”国际性活动的经验不仅呈现了“白/黑”的生存与文化结构，还提出了“人/自然”的关系，她至少提出了“过剩/匮乏”、“文明/杀戮”和所谓推广文明的“正义性/非正义性”的思考。

严歌苓写了这样一段话：“非洲是一片多神奇的土地啊，它的人民从来没有喂饱过肚皮，却从来不让自己的眼睛饥渴，并用他们生命力无限的艺术品，去喂饱整个人类的心灵。”[5] 物质生活的匮乏与精神世界的饱满、外部人造环境的侵入与内部自然环境的补救成就了非洲独特的人文及景观，然而精神世界和自然环境却也存在遭受外部与内部破坏的危机，非洲的苦难更在于长期已久的畸形文化格局。

5 严歌苓：《非洲手记》，人民出版社，2016年，第137页。

Ⅳ. 文化：本土文化流失-域外文化侵略-文化殖民

法国学者福柯认为："知识并非真理的反映，权力关系才是知识建构的主轴。然而，经过权利介入的知识带给人们的往往是判断力的削弱，而不是增加。"[6] 权力关系对知识的介入也直接作用于文化结构的构建，严歌苓对非洲经验的书写不单纯是对非洲民俗风情的地理志书写，也不在于对非洲独特文化现象的猎奇式表达，而是通过对非洲生存环境到人文氛围的体验来反思非洲现存的文化结构。

非洲文化史也是一段殖民史，非洲的一切都被打上了殖民的烙印，而自18世纪以来，进入非洲的殖民文化群体从地域范畴上来看大都是欧洲国家，在非洲文化场域中，"白/黑"的文化冲突现象历时最长也最显性，因此，严歌苓最先从非洲"本土一域外"的视野出发进行思考。笔者也先从这两个角度进行分析：

第一层面，"黑"文化的本土性破坏与危机。严歌苓通过文化的"历史性"和"在场性"两个方面进行考察：(1)对本地建筑结构的观察。严歌苓从阿布贾建筑风格入手，她认为建筑是最直观地反映当地文化元素与移民文化结合的载体，这些仍被使用的建筑保留了非洲漫长殖民历史的文化痕迹。严歌苓马

6 陈滢巧、方孝谦：《图解文化研究》，台北：易博士文化，2006年，第38页。

上抓住了建筑结构所承载的文化内涵：1、建筑内部：两道拱门的设计，内侧拱门供主人使用，而外侧小门则供佣人出入，"仆佣居室"的设计延续了"贵贱等级制度"，由殖民史带来的残留文化没有消失而继续被使用于本土文化中，实现了文化侵入到文化殖民的转变；2、建筑外部：首都阿布贾存在大量未完成的建筑，而之所以出现这种社会局面的原因是贪污现象横行，而究其根源还在于"黑"文化中权利主义的介入；3、严歌苓通过建筑内部结构设计与外部缺失现象引发"人性化"的思考，不仅对建筑反映的文化现象进行反思，还对活动于建筑中的人进行关照，从而发现移民者遗留下的种族与文化殖民痕迹很难肃清；(2)对城市建筑设置的观察。建筑结构是对静态的考究，而建筑设置则是对动态的考察，尼日利亚政府推行"夷平政策"，处理掉一切有碍观瞻的建筑，不管是教堂、学校等基础建设设施都被夷为平地，然而却设计了旧金山式的玻璃车站，政府追求华丽的标志建筑，而抛弃了民生与人文的投入，因此，严歌苓将阿布贾地标性建筑的兴起与文化机构建筑的消失之间的冲突凸显出来，揭露了尼日利亚政府在追求物质繁华假象的同时，非洲民众正在面临着更深的精神缺失；(3)严歌苓还揭露了非洲"dash"(赏给我)的文化现象。"赏"有施舍的意味，包涵了"上/下"的阶级观念，表现了非洲本土文化仍然保留着殖民历史阶级性压迫的遗风。不仅如此，严歌苓还设计了可利亚(美国狗)与三条本地土狗形成"外来户”与“原住民”的对峙插曲，土狗的进攻性格带有维护民族尊严的效果，而可悲的是三条土狗被吃掉了两条，这里极具文化隐喻效果，种族内部消耗加快了本土文化流失的速度而陷入更大的文化危机。

第二层面，“白”文化的侵入与文化加害。白人从18世纪开始带着“白”文化侵入非洲大陆实行文化侵略，其结果便是破坏本土文化而实现文化殖民。在终结地域性殖民统治的今天，使馆“大院”将白人和黑人的文化空间断裂开来，但文化殖民并没有发生断裂而继续发挥作用，严歌苓书写了非洲保姆“下跪”的文化现象。“下跪”在现代文明中已然不复存在，但美国人在非洲大陆上延续了“主人”与“下跪”的文化，显然这是带有阶级色彩的称谓和动作，严歌苓批判了美国人在本土要求并实现平等独立，但在他地域(非洲)却自然地推行着主/仆、上/下的阶级文化关系；而更让严歌苓吃惊的是“下跪”不仅在“白/黑”的文化体系得以施行，非洲人本身就带有“下跪”的文化性格，生存困境使非洲人形成了“下跪”=“希望”的认知模式，而这一模式却适用于整个非洲族群。因此，“跪”不仅表现在外来文化的殖民体系中，也存在于非洲本土文化的落后上，“跪”成为了非洲族群的一种生理/文化上的习惯动作。

然而，严歌苓并没有只停留于对“白一黑”文化结构的观察，她还关注到包括自己在内的“黄种”文化群体，她书写的最大亮点就在于以中国“黄种”文化为参照对象，对“黑”文化进行关照，这就是她设计的第三观察视野。

第三层面，“黄”文化的介入与对照。严歌苓通过中国人与黑人的互动达到对文化殖民的思考与对中国文化的反思，她最大化地剔除了“白”文化的影响，考察两种文化之间的文化结构：(1)非洲人矛盾的文化性格。“下跪”在“黄一黑”文化结构中被延续，值得注意的是这里“下跪”的文化主体虽然是黑人(希望小姐)，但是接受对象却实中国人(严歌苓)，严歌苓吃惊于非洲人的“下跪”文化，但家佣希望小姐却仍然要求尊严、平等的社会身份，她严苛地区分这“我的时间”与“你的时间”，显然这里就出现了“平等/下跪”完全对立的文化冲突，非洲人的两种文化性格反映了非洲传统文化被殖民后产生的文化惯性，而对尊严、平等社会身份的追求，很可能只是非洲人的文化想象/假象；(2)宽恕/不宽恕的畸形关系。这是“下跪”现象的文化产物，无论是在“白/黑”还是“黄/黑”的文化关系链中，被请求宽恕主体的文化身份是西方人和中国女人，非洲人一直处于文化关系的被动位置；(3)殖民者/殖民地人的文化关系。严歌苓呈现了“中国女人/非洲打工仔”的“黄一黑”殖民关系，从而联系到在美华人移民史，接受过种族歧视的中国人争取种族平等后，一改文化身份而歧视和压迫其他种族，文化的受害者变成了文化的加害者，体现了种族殖民意识的移植现象，而这也正是严歌苓所批判的。诚然，她还讽刺了中国人进入非洲文化语境后出现传统文化的复古现象一妻妾制度，同样也出现在非洲的文化体系中。严歌苓在揭露非洲文化的殖民印记与落后性的同时，也对白人文化与中国文化进行了反思与批判。

文化殖民最明显的特征便是文化霸权，葛兰西将霸权定义为“知识和道德导引……其主要建构元素是赞成和说服。可以说，一个社会群体或阶级扮演一种霸权的角色，致使整个社会充斥着它所建树的文化和意识形态的信仰系统，而有关教导则被广大民众所普遍接受。”[7] 霸权凌驾于知识与道德之上，以强制性的手段建立文化认知体系并完成文化的植入过程。严歌苓不仅揭露了非洲文化自身的落后性，也批判了存在于其中的文化霸权现象，控诉白人文化的殖民性与虚伪性的同时，也对进入非洲文化的中国文化进行了反思。

Ⅴ. 小结

严歌苓是编织故事的能手，海外、家国和个人的苦难经验为她提供了丰富的书写题材，生存困境、文化身份和性别意识一直都是新移民文学书写的重要议题，这也构建了严歌苓的文学世界，严氏小说的故事性极强，但生存意识、文化冲突、性别纠葛都需要设计特殊化的故事场面，就如《金陵十三钗》

7 [美]于连·沃尔夫莱 著，陈永国 译：《批评关键词-文学与文化理论》，北京大学出版社，2015年，第107页。

里的妓女与女孩一定都要进入教堂并发生冲突，就如《床畔》里的张谷雨一定要是具备完善内心世界的植物人，就如《芳华》里的刘锋一定要“摸”林丁丁……严歌苓的故事中填满了各种“凑巧”的场面，而这是严氏故事的特点，也是她的局限。然而，《非洲手记》完全避免了“凑巧”的场面书写，呈现纪实性的文学特征，严歌苓避免故事性的写作而实现对非洲文化现象记录的客观性，从而能够更客观地对非洲文化进行观察并引起反思。

严歌苓《非洲手记》中记录了非洲的风土人情，呈现了异域风光，但她与文化猎奇书写保持了距离，整个散文集充斥着对文化殖民现象的披露，文化殖民指向的是霸权与文化秩序的关系，葛兰西阐释说霸权问题始终是新文化秩序的问题。……“霸权”超越了“文化”……坚持把“整个社会过程”与特殊的权力分配和影响联系起来。[8] 从18世纪开始非洲文化场域中闯入了多种族的文化元素，社会的快速发展加快了白人对非洲的殖民脚步，随之而来的便是文化的殖民与侵入，从而建立了殖民/殖民者的新文化秩序。严歌苓对“白一黑”文化结构进行观察思考的同时，最有趣的是考察了中国“黄种人”文化与非洲文化的纠葛并对中国文化的植入进行反思，联系中国人在美移民史，“白一黑/白一黄”都呈现歧视/被歧视的文化秩序，

8 [美]于连·沃尔夫莱 著，陈永国 译，《批评关键词-文学与文化理论》，北京大学出版社，2015年，第110页。

而当中国文化进入非洲文化后，却一反被歧视的文化身份，而表现出“殖民/殖民者”的文化结构，笔者认为，严歌苓《非洲手记》不仅揭示他文化以文化霸权对非洲本土施行文化殖民的新文化秩序，更重要的是思考域外文化的进入是扮演着文化加害者形象还是文化被害者形象？严歌苓在痛斥西方世界构建的“白〉黑”的殖民话语时，中国文化相对于非洲文化来说，其所扮演的角色是在痛斥文化殖民还是正在文化殖民呢？

论张翎《金山》中族裔文学的两种面向

Ⅰ. 绪论

“新移民文学在文化意义上说是一个漫长而潜化的异质过程，置身于西方文明与东方文化相互纠缠和交织的社会变动的生存环境，注定了移居海外的新移民作家具有的东西方文化背景和双重文化身份。”[1] 从20世纪六七十年代的留学生移民开始， 聂华苓、白先勇、陈若曦等旅外作家将创作书写的笔触大多投向具有东方传统文化背景的个体在进入到诺大的西方文化世界之后，所经历的来自生理和心理上的苦痛、寂寞和被排斥;在被异族文化排斥的情绪和背景下，自然而然地就会呈现出对故乡的回望，因此在书写旅外的艰辛与苦痛的另一个面向，就直指对“原乡”的怀念和寻根主题，这就表现出一种“出走”和“回首”既共存又对立的书写模式。

进入20世纪80年代之后，又出现了一股旅外移民的高潮，这

1 江少川，朱文斌 主编:《台港澳暨海外华文文学教程》，华中师范大学出版社 2014年版，第357，358页。

时涌现出来的旅外新移民作家(以北美为观察视角)有严歌苓、张翎、吕红、施玮、查建英、陈浩泉、梁丽芳等，这群新移民作家与留学生作家在各自的创作中表现出在精神情感和文化思考上的不同面貌。“新移民作家群由于移民动机、生存状态和文化立场等方面的改变，已经把文学的主题呈现转向了对东西方文化碰撞的思考，对双重边缘语境中移民群体生存和个人情感的专注。”[2] 笔者认为，新移民作家们肩负着东西方双重文化身份，在双重文化交流和碰撞的过程中，自然也会产生至少是双重的文化反思和观照:一方面是如何以异质文化承载体融入到当下的文化语境之中。当然，这是任何时代的移民作家都会面临和思考的问题，但是对于新移民作家来说，在新时期文化融入和文化突围的过程中出现的文化困境将会更加复杂和多样。另一方面在异质文化场域下，更容易对本族文化传统进行回望和再观照。严歌苓曾说过：“刚到美国，对西方事物处处感到新鲜，觉得都是写作的好材料，可是在美国住了十五年，再回头看大陆，却又觉得大陆生活很新鲜。”[3] 因此对传统文化的再体识也成为了新移民作家创作的新视点。第三方面是新移民作家群体又呈现出女作家占据大部分席位的文

2 刘桂茹：《深度激情的生命诉求——旅美作家陈谦小说论》，《信阳师范学院学报(哲学社会科学版)》2008年 第4期，第130页。

3 江少川，朱文斌 主编：《台港澳暨海外华文文学教程》，华中师范大学出版社 2014年版，第361-362页。

化样貌，因此不可避免的就是新移民女作家从自身生理性别出发，对性别意识的再体识。尤其是在东方文化传统中女性的性别体征被压迫和被忽视的情境下，在进入到异族文化语境之后，以异族文化身份出现的女性在没有摆脱本族文化传统对女性性别压迫的同时，再次遇到了新的文化困境，即新移民女性面临着双重文化语境对女性性别意识的双重拷问，自然对新移民女作家来说，不可避免的就是女性性别意识被激活，甚至是达到爆发的境地，以弱势性别群体面貌出现的女作家在创作中对东西方文化进行了双重挑战。

一方面鉴于韩国学界在世华文学研究成果上的贫瘠，对世华作家及作品介绍的缺乏；另一方面北美华文文学的重要代表作家张翎及其巨作《金山》对早期(华工)移民史和中加历史进行双向书写，以及对早期移民到新移民的再体识。笔者将以张翎的《金山》为研究对象，以“金山”和“碉楼”互为文化参照轴心，从族裔文学(写作)的角度，解读族裔文学书写的两个面向，从而对新移民作家张翎的跨域书写进行再观照。

Ⅱ. 是文化突围？还是文化想象？

“种族”是一个建构的范畴，在19世纪，“种族”一词也涵盖现在用“民族特性”(ethnicity)这个术语所指的领域，此后便逐渐被看作民族之间的重要分界线了。[4] 还有学者提到：“族裔文学

/写作指先对于主流社会和文化的少数民族边缘另类写作，或指专注于某个少数民族生存文化习俗的作品和写作时间。”[5] 从这里可以发现，关于族裔文学/写作具有两个观察视角：一方面文学创作者本身是区别于主流社会和文化的人群，即以异质文化身份出现在另一种异质文化场域中，对主流文化语境进行观照；另一方面是对主流社会和文化中的异质文化进行书写，即以主流社会和文化作为参照物，对“闯入”其中的他文化进行观照。所以在族裔文学/写作中不可避免的现状就是本族/异族文化二元对立的局面。在华文文学的跨域书写中，本族/异族的“对立—融合—跨越”一直是写作者在创作中提出并要解决的问题。因而，在众多的华文文学作品中，无论是60年代的留学生移民还是80年代的新移民，所有的笔触和终极问题都归向于身份意识(即国别意识和民族性)和性别意识(大多是以女性作家为主)两个层面。张翎在《金山》中更是无法回避这两个问题。笔者认为，特别对海外华文女性作家的文学创作经验来说，族裔文学/写作的两个面向正是指向身份意识和性别意识。一方面仅对其中某一个面向进行深刻地观照。犹如虹影的《好儿女花》是对家族史的描述和对亲生父亲的追

4 (美)于连·沃尔夫莱：《批评关键词：文学与文化理论》，陈永国译，北京大学出版社 2015年版，第268页。

5 (加)孔书玉：《金山想象与世界文学版图中的汉语族裔写作——以严歌苓的《扶桑》和张翎的《金山》为例》，《华文文学》2012年 第5期，第5页。

寻，再加上对感情的深究，更多的是倾向于对自我身份的一种寻找和认知；另一方面将身份和性别两个观察视角全部植入作品中，这样的文学创作经验就如前文所说，更多的都表现在从本族文化主体进入到异族文化语境之后，遭遇异族文化排斥，或是无法融入的女性视角的书写经验。

张翎的《金山》也肩负着这样的书写使命感，以双重文化身份，通过族裔文学/写作的观察视角进行思考和探寻。首先从身份意识的角度来考察，张翎的《金山》给读者设计了"碉楼"和"金山"两大独立的文化空间，两者之间不仅在地理、文化上形成了隔岸相望的姿态，在性别层面上也形成了两个互为独立的群体。相对于"碉楼"静止与留守的状态，"金山"则处于文化主体流动的状态，而"金山"的文化场域与闯入者之间存在着文化隔阂，即文化身份的定位问题。作为文化闯入者的方家几代人几乎以男性为主要文化载体，进入西方文化语境之后表现出对身份意识的不同认知与思考。

方得法是方家进入金山的第一代移民，在经历了发家和败家的波折之后，他和同乡红毛一起前往天朝子民想象的金山。从下船的那一刻开始，方得法就被完全迥异的文化所侵袭，白番眼中的"猪仔"成为了华人劳工在"金山"文化场域中的文化身份代号，也是方得法在文化身份认同上受到的一次正面冲击；所谓的金山并不是满地黄金的圣地，他加入了开发西部、铸造铁路的队伍中……在这支浩浩荡荡的华人"猪仔"队伍中，他经历了在寒风中露宿，与为炸开铁路而付出生命的红毛的诀别，为生存和给家人寄洋票而铤而走险等事件，而最后在华人尸骨上建立起来的铁路被记入了历史，但是那群尸骨却灰飞烟灭。在这里出现了一对矛盾："刻上西方烙印的华人创造物"与"剔除出历史的华人文化身份"之间的冲突，"华人"这一文化群体成为了历史的创造者和遗弃者，这正是异族文化语境对少数文化群体进行疏离的鲜活书写。不仅如此，自方得法登岸之后，就被看热闹的小孩扔石头；流浪于唐人街的方得法在饥寒交迫中偷了白人一只鸡，他所得到的惩罚不是法律的制裁，而是面对被吊起的辫子，一把剪刀，一碗水。——这里暗示金山客们在梦想得到实现过程中所付出的极大的代价——生理上，心理上，物质和精神双重错位(displacement)与疏离(alienation)。[6] 可见，对第一代移民加拿大的华工来说，生活的窘迫和困境使他们没有余力去思考自己文化身份的问题。即，他们是因为生活所迫而来到了金山，但一切幻想又被打破，他们只是从一个物质生活窘迫的生存空间移植到另一个物质生活和精神世界双重窘迫的生存空间而已。仔细观察可以发现，方得法此时还没有因为身份问题而感到困惑，他还只是将所有的力气都集中在怎样才能改变现实生活的困境。另外，在1989年《温哥华世界报》中有记载："然而

6 (加)孔书玉：《金山想象与世界华文版图中的汉语族裔写作——以严歌苓的《扶桑》和张翎的《金山》为例》，《华文文学》2012年 第5期，第7页。

不管是富商还是普通劳工，这些大清子民都没有违背清国的礼节习俗——他们依旧保留着具有重大象征意义的长辫子，尽管一些人已经在加拿大生活多年。”[7] 对于当时的移民来说，民族传统文化情节还是非常完整的，更多的还表现为物质生存的困境。

方家的第二代移民是方锦山和方锦河。锦山和锦河来加拿大的情况还有所不同，锦山为了帮父亲方得法才来金山，一直处在对金山想象中的他被眼前的满目疮痍带拉回到现实。锦山从登上金山这片土地的那一刻起，他就对自己的民族性产生了朦胧的质疑——文化冲突的痕迹，对民族性的思考——而这种质疑让锦山和父亲走上了不同的道路。锦山和得法最大的区别就在于：得法将挣钱养家视为自己的使命，将全家团圆视为最终的奋斗目标；而锦山却在这片疮痍的“异乡”看到并参与了在“原乡”可能永远都不敢想象的事件。即，锦山开始在异族文化语境下思索民族命运。在保皇党和革命党的论战中，锦山参与了革命党孙文在加拿大的演讲会，并被强制剪了标志着大清子民身份的“辫子”。但在剪掉辫子之后，锦山却又显得慌张：“天爷，你让我变个瘸子，变个瞎子。你把辫子还给我吧。”[8] 锦山在对民族性和文化身份进行思索时又表现

7 (加)张翎：《金山》，北京：十月文化出版社 2009年版，第126页。

8 (加)张翎：《金山》，北京：十月文艺出版社 2009年版，第212页。

出犹豫反复的性格。方得法和方锦山在关于"一根辫子"的问题上形成了两个对比：一方面父子对"辫子"的认知出现了冲突。"辫子"对方得法来说，像生命一样重要的身份象征，即表现自己文化身份的唯一标志；而对锦山来说，(在演说会气氛的使然下)当下"辫子"成为了自己表态支持革命的羁绊，即成为了思考民族命运的阻碍物，是非割去不可的。另一方面锦山本身前后认知出现了矛盾。受到革命党改革派的影响，锦山割掉了象征文化身份的辫子，但马上又担心起来，表面看来是担心被父亲怒斥，但实质上锦山担心自己被"去民族化"，即失去传统文化身份。但不可忽视的是，虽然锦山对本族文化身份进行思考和试图改变的前提并不是受到异族传统文化的冲击，而是在较本族文化相对轻松的异族文化语境下，对民族生存命运的忧虑和反思，当然不得否认的是，在异族文化语境下对本族文化进行反思也是为了更好地在异族文化语境下被接受和承认，因此，锦山虽然表现出反复的文化性格，但较之方得法来说，在文化身份的认识层面有相当大的变化。并且锦山因为"割辫"事件而"失踪"的日子里，锦山在印第安人生活区认识了印第安女孩桑丹丝。桑丹丝钟情于被父亲救回的华裔男子，锦山也在部落生活中爱上了桑丹丝，但最后锦山选择了逃避。锦山在逃离时对桑丹丝说道："祖宗，不认你的……"[9] 这里非常值得我们注意，锦山是华裔，桑丹丝是印第安人，他们生活的文化背景是白人世界。即，华裔作为少数文化群体进入西方文化场域时，处于被歧视、被疏离的文化境地。即便对已经是偏离主流文化的边缘文化群体来说，对同处在边缘化和离散语境下的其他少数文化群体，却回避了同样“失原乡身份”的相护依赖，反而以文化歧视和身份疏离的方式划分与文化身份更弱的群体之间的界限，呈现出“西方文化>东方文化(华裔)>印第安文化”的种族、文化、身份的疏离模式。

锦河代替母亲来金山，他被父亲安排在亨德森家做管家，同样是主流文化语境下的边缘人。但张翎却给予了他另一个文化身份——“国际反法西斯战士”。国际战士和文化边缘人的对立更引起读者的思考，这样的身份设定在一定意义上模糊了锦河作为异质文化拥有者的概念，而最大程度地将他和主流文化语境相融合，然而他还是没能突破被边缘化的命运。张翎引用了1945年《温哥华太阳报》上的一篇报道：“这群父辈曾被我们以嘲讽的口吻称为‘天朝子民’的年轻人……得到和欧洲战场归来的士兵一样的英雄式的欢迎。这是有史以来第一次，温哥华的市民把他们当作了自己的一员。……这些自愿以加拿大的名义在欧亚战场参战的中国士兵，至今还没有被允许成为加拿大公民。”[10] 这段报道中出现了一对矛盾：“以

9 (加)张翎：《金山》，北京：十月文艺出版社，2009年版，第238页。

10 (加)张翎：《金山》，北京：十月文艺出版社，2009年版，第413页。

加拿大名义参加欧亚战场反日战争的中国士兵被当作了加拿大公民的一员”和“他们没有被允许成为加拿大公民”之间的矛盾，实质上还是表现为本族/异族的身份意识认同的矛盾，这个问题一直没有被解决。不仅如此，这份报道之后张翎马上叙写了方锦山带着方锦河遗物的骨灰盒前去奥菲姆剧院看电影的事件，这是因为锦河之前和亨德森夫妇去听音乐会时，因为是中国人的缘故，不能坐上好的位置，只能坐在最边上的位置，在锦河牺牲之后，锦山想填补锦河作为华人在异族文化中被歧视的身份缺憾，但“他们被一个穿着深红呢制服的人拦住了。‘中国人，只能坐在边上的位置。’”[11] 在异族文化语境下，(华人)移民者永远是被打上异质文化标识的少数群体，这不仅是在种族层面上的疏离和不认同，也是对普遍存在的人性的一种偏见与歧视。如果仅是如此，倒也不会让读者深感移民者们难以融入主流社会的疏离感和痛感，张翎的高明之处就在于，她马上又将装有锦河遗物的骨灰盒推到了阻拦者的面前，作家有这样两句描写：“那人脸上的表情在经历了数种变化之后，渐渐凝固在一个接近于温和的微笑中。” “‘阿河，你终于坐上，最好的位置了。’锦山对手里的那个木匣子说。木匣里是一套军装和一顶军帽。”[12] 这里前后出现了几次变化：

11 (加)张翎：《金山》，北京：十月文艺出版社，2009年版，第416页。

12 (加)张翎：《金山》，北京：十月文艺出版社，2009年版，第417-418页。

从“阻拦”到“引路”；从“边门的位置”到“最好的位置”；从“无表情”到“面露微笑”等，之所以出现这样的变化显然不是对华人的接受和认可，而是建立在“国际反法西斯战士”的视角上，对战争逝者的缅怀。即便如此，看似解决的矛盾却走向了更大的困境：即移民者在西方异质文化的社会集体认识中到底是怎样的一种存在——看似进入文化主流的边缘者却还是被清楚地分离在主流文化之外。有学者从锦山态度的角度也提出：“方锦山完全没有激烈的反驳和抗争，而是‘平静’地接受和理解。由此可见，虽然骨子里的抗争有增无减，但方锦山对这种羞辱已然习惯，甚至把它当成生活中的一部分。”[13] 通过方氏父子前后来金山后的经历可以看出，华人在西方文化世界中，从物质生活困境走向了精神文化困境，身份意识的觉醒与对文化身份的思考越来越清晰化，但是仍然逾越不了民族性的鸿沟。西方文化场域中的少数族群，无论是“在场者”还是“闯入者”，都被排除于主流文化之外，甚至少数族群的“闯入者”对“在场者”进行了再排斥的动作，他们所处的“弱者”身份被凸显并再次放大。

随着新移民作家海外经验书写的扩大和增加，不仅使新移民作家本身对身份和文化的认知变得越来越敏感，而且也让越来越多的批评者和读者去思考和揣摩移民者在面临文化困

13 徐妹妍：《漫漫金山之路的沉重回望——读张翎的长篇小说《金山》》，《哈尔滨师范大学社会科学学报》2013年 第4期，第121页。

境时的身份认同和文化突围意识。但是新移民所观察和亟待实现的身份认同与文化突围是否可以完成，却成为在异族主流文化影响下不得不面对的实际性问题。在原乡/异乡文化的冲突和嬗变中，移民者是趋向于对异族传统文化的麻木和习惯，还是逐渐实现了文化突围？笔者认为，更多的可能还是停留在前者的境况，实现在异质文化中的突围也许只是移民者们既想完成却又不可能完成的一种文化想象。最重要的是，新移民知识份子在寻求文化突围的同时，是不是有必要思考文化接纳/包容或是并存的议题呢？作为新移民者，在地球村的概念影响下，和文化突围相比，是不是更容易实现文化并存的阶段呢？

Ⅲ. 女性性别书写的两个层面

"种族表示多元意义的生成，把身体和行为或习惯综合起来，仿佛它们在之间有某种逻辑关系一样。如戴尔论证：在关于种族的语言中总是隐含地，即便不是公开地存在着种族，性别，异性标准之间的关联，尤其是在繁殖的意义上。"[14] 种族写作无疑是对身份意识进行思考，然而往往被误解的是种族和

[14] (美)于连·沃尔夫莱：《批评关键词：文学与文化理论》，陈永国译，北京大学出版社，2015年版，第275页。

性别互相独立。种族的意义包含繁殖，繁殖和性别又不可分割，因此性别意识包含在种族概念范畴之内，所以对性别意识的讨论最后很有可能会和身份意识相汇合。张翎的《金山》就实现了对身份意识和性别意识思考的统一。

闯入“金山”的方家男性在异质文化场域中，对自身民族性表现出不同的文化认知，相对于具有流动性的“金山”而言，“碉楼”呈现出了另一番景象。“碉楼”无论是地理空间还是文化空间都被方家女性所充斥，形成了独立存在的“女儿国”，但这是一个处于东方传统文化下的女性世界，因此即便男性缺席，女性还是遵循东方文化话语的规则来完成“碉楼”内部空间的日常。即，男性的“出走”并没有带走传统男权家长制对女性世界的控制与约束，而仍然作用于“碉楼”的文化空间。

然而，随着男性的“出走”，女性在“碉楼”的文化空间中，一方面表现生理性别特征的同时，也呈现了社会性别特征的属性，女性服从于传统文化语境的同时，也在寻找突围的出口；另一方面随着时代背景的急剧转变，女性的性别认知也随之发生着剧变，不同时期的文化语境呈现了女性的不同面貌。

第一个层面，张翎在“碉楼”中设计了一群女性群像，她们带有着不同时代背景下的女性样貌，从中可以发现女性性别意识微妙地变化：(1)婆婆麦氏是碉楼里最年老的女人，她完全是男权社会下中国传统女性的一个缩影。麦氏为儿子选亲时彻底地暴露了中国传统文化中“父母之命，媒妁之言”的包办婚姻制度。因此，麦氏可以说是传统男权社会统治下，完全包裹着传统男尊女卑外衣的女性代表。⑵媳妇六指是张翎所有刻画的最重要的女性角色。六指从一开始就以其独特性而区别于其他女性形象：一方面在身体上比一般人多一根手指；另一方面在精神层面上会识字、写诗作画。这是和当时普遍社会大环境相冲突的，六指的特殊性也就暗示了她在"碉楼"这一文化载体中可能会出现的困境。六指的贤淑和才气吸引了方得法，可身体上的缺陷却成为了麦氏拒绝她的理由，而她用切猪刀砍下了第六根手指，成为了方得法的妻子。不仅如此，她和锦河被土匪劫走并赎回之后，麦氏爆发了对媳妇的不满，咬定六指早已失身于土匪："你从朱四那里回来，你还敢说自己是方家的人？六指挣开麦氏的手，觉得地在她的脚下裂了一条缝。[15] 鲁迅在《我之节烈观》中提出传统中国文化对女性贞洁意识的要求，"守节"或"死亡"成为了女性唯一的选择，因此六指又面临着第二次困境。麦氏生命垂危、六指割肉救治的动作完成了对麦氏生命救赎的同时，也实现了六指摆脱"失身与否"的困境。六指先后两次以"肉体断裂"的形式来实现"身份救赎"，这两次的"肉体断裂"其本质指向反抗男权社会的传统认知，而呈现中国女性悲剧性的"献祭式"[16] 生存状态。笔者

15 (加)张翎：《金山》，北京：十月文艺出版社，2009年版，第173页。

16 王春林：《人性的透视表现与现代国家民族想象——评张翎长篇小说《金山》》，《批评视界：理论与创作》2010年总 第133期，第71页。

认为，六指的女性形象一方面会让读者认为她的“肉体断裂”是为了迎合当下传统社会语境下的认同感，对传统妥协；另一方面我们也应该看到，作为传统男权社会语境下的女性，能够具有鲜明的自我价值实现的观念，能够通过身体上的阉割达到精神上的解脱，较之麦氏已经是很大的飞跃，因此，六指表现出了一定程度上的反传统，呈现出对传统与反传统的嫁接。(3)锦绣是六指的小女儿，也是唯一没有去金山的孩子，可见金山已经成为了只有方家男性才可以踏足的，极具男权意味的文化场域；相反，碉楼就成为了方家女性生活、等待和坚守的文化空间。锦绣不仅自己念书识字，而且和丈夫一起开了小学堂。在抗战期间，怀孕时忍受了日本士兵的玷污，但并没有放弃继续生活的勇气。作为知识女性的锦绣精神上的饱满填补了肉体上被伤害的缺失感，打破传统文化语境下对女性“贞洁观”的要求。(4)区氏是反面性的女性形象，解放前区氏是开平村里的第二大姓，到了土改时期，对拥有最多土地的方家来说无疑是不利的，再加上区氏终于感受到时代好不容易带给她的“公平感”，所以她带着土改委员们到碉楼里横冲直撞，最后使得六指一家都死于非命。读者可能会感觉到区氏是出于身份的卑贱感而引起强烈的报复心理，但是我们不得不注意到土改时期整个社会的情绪是非常高扬的，整个社会充满着强烈的阳刚气质，这种气质一直延续到文化大革命时期，具有阳刚气质的社会文化语境就模糊了性别的界限，即，此时社会文化基调呈现了模糊了生理性别属性，而放大了社会性别属性的文化特征。

因此，由留守"碉楼"的女性群像可以发现三个书写面向：其一，在本族传统文化书写场域中，男性被"隔离"出去，形成女性的独立空间，然而"独立空间"又非真正的独立，女性的文化空间中仍然无法回避传统男权文化体制的约束，而女性兼具了传统男权体制的实施者和反抗者的双重身份；其二，在"碉楼"文化空间中，女性表现出生理性别属性与社会性别属性相融合的文化现象，男性的缺席使得女性冲破了性/性别的囹圄，承担了男性的社会身份角色；其三，时代的变化直接影响了性别认知的变化，文化语境的阳刚气质不只作用于女性，也波及到整个社会的文化语境。

第二个层面，以方家第四代人艾米·史密斯为轴心，她是方延龄和白人生下的混血儿，值得注意的是，艾米虽为女性，但和"碉楼"里的女性完全不同，她从一开始就最大限度地脱离了受本族文化直接影响的文化地理空间，因此方延龄期望艾米完全融入到白人主流文化，先从生理上最大限度地割断与中国基因的关联，再从文化身份上剔除中国文化烙印。这不仅表现了其被排斥于主流文化语境之外的忧虑，也是对能否摆脱东方文化载体，进入西方文化语境的一种想象和争取。因此艾米成为了方延龄进行文化身份替换尝试的唯一文化主体，但是这种可能性成为了虚幻，张翎没有实现方延龄的文化想象，反而借助艾米完成了在西方文化主流语境下，带有多重文化身份群体对自身性别、文化、身份的再认识。艾米没有能完成母亲要求的文化身份质变："她母亲期待她永远离开中国人的圈子，可是她却在大学里阴差阳错地选修了中文。现在，她又被一个中国人诱惑得几乎要对全世界承认，她身上具有一半的中国血统。"[17] 艾米最后成为中文教授，从某种意义上来说，艾米是方家所有移民者中，从最开始就较为自然地和主流文化相融合的个体，并且被主流社会所承认的文化身份符号，但是艾米却重新回到"碉楼"这一文化空间中，而这个文化空间不仅是单纯的本族文化空间，更是一个被设定的"纯粹"女性空间，因此，对艾米来说，不管是对异族传统文化还是对男性占据主流文化的想象都是一次颠覆和破坏。这也是张翎借助艾米的女性生理和文化身份，让她以多重文化综合体的身份重新回到本族传统文化的"起点"，对移民过程中不可回避的文化身份和性别意识重新观察。而且更为有趣的是，小说最后张翎将艾米和白人未婚夫的婚礼设计在碉楼里，笔者认为，这又是张翎的独特之处，她给我们提出了一个全新的观察视角：一改以往移民书写中(以华文文学女作家位叙说对象)主要关注女性在异族传统文化中的艰辛、流亡、离散和融入的叙说模式，而将代表异族主流文化的身份符号，由

17 (加)张翎：《金山》，北京：十月文艺出版社，2009年版，第447页。

具有多重文化身份的女性带回到本族文化的叙事语境中，一方面完成拥有多重文化身份的女性对“原乡”文化的回归；另一方面改变女性在“他乡”语境下文化突围的单向思考，提出了把“异乡”带回“原乡”的可能性，而这一切行为由女性在“纯粹”女性空间中完成。

萨义德将文化的本质特征概括为：“一切文化都你中有我，我中有你，没有任何文化是独立单纯的，所有的文化都是杂交性的，混成的，内部千差万别的。”[18] 艾米不仅体现了种族上的杂交，也体现了文化上的杂糅，更为重要的是张翎通过女性完成本族/异族文化之间平衡化、包容化的想象。在具有“杂糅性”的多文化语境下，张翎关注的不仅仅是二元对立的两难选择，也不是单向度文化融合的困境，而是强调在多元文化交汇、跨越国家和种族、往返于原乡和异乡的文化语境下，提出由女性完成对文化话语权双向度转换、性别体识和身份属性认知的可能性。

综上所述，张翎呈现的女性性别书写的两个层面可以说是在本族/异族两种文化语境下的双面书写。即，以“本土/海外”作为两个平行的观察视角，对女性性别的社会文化属性与文化杂糅性进行了饱满地考探与叙述，也在一定层面上打破了女性海外性别意识的单向格式化书写，将对女性性别意识思

18 转引 蒲若茜，宋阳：《《金山》中的时空与文化建构——兼论张翎的小说创作策略》，《暨南大学〈哲学社会科学版〉》2012年 第3期，第53页。

索与对种族、社会属性、文化的思索合并起来，提出了新鲜的创作视野。

Ⅳ. 结论

世界华文文学的写作从上世纪60年代开始，就关注海外移民华裔所面临的种种问题，从本族传统文化中走散，闯入异族传统文化，无论是从物质生活还是到精神世界，都成为这群“流浪者”所要解决的问题。到80年代，海外新移民作家世界性写作的实践，再加上海外女作家的异军突起，身份认同和性别意识无疑成为了更加亘古不变的议题。张翎一改“温州系列”的笔风，捡起了一片零落在加拿大华工移民历史的碎片，在重述这段悲惨艰辛的移民史的同时，再次反思海外华文文学创作所要解决的症结。

何为主流？何为边缘？作家木令耆说过：“对海外华人而言，无论是在‘边缘’持守华族传统，还是调适自身，认同主流文化(难免遭到主流社会世俗的排斥)，或是自信于不同文化的兼容互补，都会变‘边缘’为中心，可怕的是浑浑噩噩于世俗物质层面而不自省。”[19] 主流/边缘的体识直接指向对文化身份的讨论，海外华文文学作家们在本族与异族文化冲突中的

19 黄万华：《中国和海外20世纪汉语文学史论》，天津：百花文艺出版社2006年版，第462页。

写作都充满着伤痕书写和文化想象，而几乎都跳脱不出融入/排斥二元对立的结果。与此同时，新移民女性作家创作又几乎都是立足于女性，借助女性的眼睛去"观察西方，回望东方"，对女性在本族/异族文化语境中的关注也就不可避免，然而，女性在异族文化下性别意识的觉醒和爆发又出现了叙述上的单一化和格式化。

张翎《金山》的发表不仅重新回顾了中加的移民史，而且打破了以往海外华文创作中对身份认同和性别意识的叙事模式。文化的"杂糅性"不仅代替了"主流/边缘"的二元说，而且她还将对性别的书写和文化身份的书写相融合，不仅通过几代女性的变化提出了女性性别意识觉醒的可能性，将女性从简单的性别认知中解放出来，将其所蕴含的社会文化意义，即社会文化身份与双重社会性别属性曝露出来，将身份认同和性别体识合二为一。不仅如此，还提出了一种新的文化想象，即以拥有多文化身份的女性为载体，放大其多文化中的本族传统文化，改变其文化闯入者的身份，使她回归到原乡文化中，并引进异族文化，其目的并不是将异族文化变主流为边缘，而是使得本族/异族文化之间达到平衡，即，使多种文化身份属性之间达到平衡，实现身份的世界性。笔者认为，这不仅是张翎对身份属性和性别意识的一种新的文化想象与思考，而且这也对多文化的融合和海外移民生存问题的思考提供了更多的可能性。

以疼痛的方式揭开人性的面纱

— 谈张翎的“生命力”三部曲

随着北美华文文学成为世界华文文学研究的重镇，新移民小说也成为了北美华文文学创作的新亮点。除了严歌苓与张翎以外，还出现了陈河、陈谦、陈瑞琳、少君、陈九、吕红、施玮、刘荒田等作家，可见北美新移民创作群体的雄厚。其中，女性新移民作家的创作数量和质量是非常可观的，可以说女性新移民作家撑起了北美华文写作的半边天。作为“北美地区新移民文学的扛鼎作家”[1]之一的张翎，从“温州系列”到《金山》《流年物语》《劳燕》，再到最近整合出版的“生命力三部曲”，都受到了广泛关注，张翎在文学创作上形成自己独到的写作主题与方式，有学者评价她说：“张翎勇于以自己柔弱的肩膀扛起沉重的历史……”[2] 可见，“历史”就成为了张翎写作的一个重要支点，不论是《余震》《流连物语》还是《劳燕》，都是以宏观历史为背景的文字写作，而《金山》就更为明显，将移民史和家

1 陈瑞琳：《风雨故人，交错彼岸》，《华文文学》2001年 第3期。

2 陈公仲：《离散与文学》，第82页，花城出版社，2012年版。

族史相结合，形成了历史双向书写的人文景观。

一直以来，“海外生活+家国情怀”成为海外华文文学主要的书写模式。就张翎本人的创作经验来说，一开始体现了“跨地域+家族史/移民史”的写作策略，而逐渐转向到专注于“中国人/中国故事”的书写。“跨地域”成为了叙述过程中的标识之一，提供必要的海外背景，主要集中于小规模的地理空间设置上，而从关注东西方的文化冲突与融合的问题转向人性与情感的表达与书写，也逐渐呈现出“回归式”的书写策略。当然，这不仅仅是张翎个人的写作策略转变，而是整体上表现出关注“中国人情感/中国故事”的书写风向。包括严歌苓《陆犯焉识》、陈河《甲骨时光》等。那么，笔者之所以关注张翎的“生命力”三部曲，是因为时隔多年后，张翎又将多篇已出版和未出版中篇小说集结再出版，并冠以小说集“生命力”的称谓。“生命力”深层文化内涵的问题，成为本文关注的重要内容之一。

Ⅰ. 文学地理图绘中的灾难叙事与人性

新移民作家表现了“移”的特征，直观地表现为“文学性+地域性”的合成，文学地理学不仅成为考察作家创作的视角，也为新移民写作提供了一个特有的空间结构，即，当文本内部面临灾难及灾难写作时，在外部提供逃亡的文化地理空间，从而实现救赎的可能。可以很容易地发现，新移民作家在文学实践过程中，除了如实反映域外书写以外，对原乡文化的书写大多呈现了对灾难的重现。

无论是《金山》还是《劳燕》，都彰显了战争灾难对女性的伤害，战争强暴了女性的身体，还阻断了女性再次回归日常的退路，即传统文化对女性“节操观”的要求。谈到《余震》就不得不说电影《唐山大地震》，从文本到影像多是从疼痛到温情的解读。影像与小说本身保持着距离，结合现阶段有关对《余震》的研究成果来看，主要关键词几乎都集中在对“痛感”的揭示，这可能也是受到作家创作感受的影响。张翎在讨论《余震》创作感受时，直言不讳地说道：“《余震》是关于疼痛的”、“一直到我写完最后一个字，我依然没有找到缓解这种疼痛的药方”。[3]如果只是对自然灾难的回忆书写显然是缺乏力量的，而张翎记录天灾所带来的真正的疼痛却隐藏在灾难背后，她挖掘出由灾难再生的情感之痛，从而生成各种情感焦虑的潜在隐患。

小说以唐山大地震为故事背景，呈现了以下几种层面的情感关系：一是家庭血缘之间的纠葛；二是夫妻情感之间的矛盾；三是病患与医生之间的互动。这三种情感关系都是以王小灯为中心展开叙述的，女性成为了主要的情感当事者和发声者。小说结构上呈现了时间与空间跨度上碎片化的处理方式，观照了王小灯的个人生命史。《余震》所反射的就是王小灯

3 张翎：《余震》前言，第4页，第8页，长江文艺出版社，2018年版。

生命感悟的“疼痛”，这种痛感源于地震，但痛感所延伸的地带却是源自于人性与情感。王小灯第一层痛源自于家庭血缘，并且她受到家庭亲情两次的伤害。最先就是母亲在自己与弟弟之间的选择，“选择”的行为源在传统文化心理，形成了“天灾+人祸”的暴力叠加，选择弟弟也就意味着对王小灯在生命之肉体上的抛弃，而表现“母女伦理关系”的破裂；其次，王小灯被养父母收养后，养母“陪你一辈子”誓言的崩溃，在破裂的“母女伦理关系”上再次选择了生命之精神依托的瓦解。而真正使得王小灯的家庭血缘伦理观完全破裂的事件便是养父王德清对自己性猥亵的暴力行为，“摸”完成了“父女伦理关系”的崩塌，从而家庭血缘关系(包括养父母)在王小灯的肉体与精神上完全断裂。王小灯的第二层痛源自于夫妻关系的危机。家庭血缘关系的崩溃波及到夫妻关系的建设，王小灯受到的情感伤害反作用到自己的家庭关系中，丈夫对婚姻的背叛，她对女儿的质疑，让王小灯又成为了情感上的“孤独者”。

笔者认为，此时的王小灯的家庭伦理秩序(父母与女儿、夫妻、母女表现的三代关系)才被完全的瓦解，家庭已经不属于王小灯，而她只能以孤独的女性个体而存在。因此，张翎在小说中为王小灯布置了一扇打不开的窗，直接指向“家庭已死”。所谓“窗”的意象所指大概就是家庭伦理秩序所属感的丧失，而病患与医生之间的互动就成为作家为王小灯提供的救赎的可能。东方故事与西方世界发生了链接，而最终王小灯推开了这扇“窗”，回到了东方故事的核心位置——娘家，完成了情感之旅。总体来看，实在的自然灾害事件深化于传统文化心理，形成了对人存在与情感的伤痕，而治愈的空间与对象再次回到东方家庭的情感体系中得以完成。

然而，虽然小说以王小灯的“受伤”与“伤愈”过程为线索，但其中最重要的参与者便是她的母亲，她是王小灯伤口的制造者，亦是其情感治愈的关键所在。如上文所析，小说表现了女儿情感精神的断裂与痛感，而对母亲情感崩溃的书写放置在了“救谁”的问题点上，特别是在电影中表现尤为明显。母亲对女儿身体的抛弃与情感的记忆形成矛盾的同时，也呈现了情感上的无奈与忏悔。在选择“救谁”的问题上，足以体现了母亲内心的挣扎与疼痛。小说最后让王小灯回到了生母的家，在感受到母亲对自己的怀念时潸然泪下，完成了对亲情的救赎，但心死大过情哀，小说所表现的人性框架的崩塌，在最后仅仅因为母亲用来怀念自己的两个名字就得以释怀，的确显得有一些突兀。

如果说以上呈现了自然灾难直接赋予人“身与情”双重痛感的话，那《生命中最黑暗的夜晚》则借助“他者”历史进行自我情感的反窥。小说以一次东欧之旅来对参与者进行观察，参与者在社会身份与文化建构上的不同使得东欧之旅过程中出现了各种风波，个人经验对欧洲历史的不同认识也表现了人物的不同性格。但有趣的是，欧洲历史中的大事件并没有让这群参与者产生共鸣，而茜茜公主与弗兰西斯·约瑟夫、安德拉希伯爵的情感故事，却让原本不太和谐的群体达成了共识。对“他者”历史反思构成了自我认识的思维空间，也间接达成了历史对人内部世界的侵入。小说应该是在徐老师、红衫女子和袁导讲述各自故事时达到了高潮，三段故事反映了不同时间和空间里的个人经验，也构成了横向与纵向相结合的书写模式。

“最黑暗”成为了这群参与者的共同关键词，他们受到政治、经济、文化、伦理秩序等不同层面外力的冲击，并又反作用于两性关系，都在情感上产生了伤痕，而这些外力不会因人为力量而转移，就构成了两性关系的悲剧效果。所有个人经验中“黑暗”都是从“历史”中得到灵感，因此就呈现了从“大历史——个人史”的情感跨度，亦即个人经验的认知书写。“我们依赖‘历史地’构成的话语——简单地说就是生活中的经验——充斥于我的主体性之中的实在，但我无法直接接近它，因此必须使用能指”、“拉康把文化适应的最初阶段称为‘想象’，因为镜像向儿童揭示给自己的仅仅是一个影像——或一个能指”。[4]历史事件给个人提供了想象，而这种想象(影像)所表现的象征意味并不一定成为参与者现实生活的实在性表现，但为参与者通过历史的影像来反观个人经验提供了机会。安东尼·威尔

4 【美】于连·沃尔夫莱 著，陈永国 译：《批评关键词 文学与文化理论》北京大学出版社，2015年版，第139-141页。

登解释说："实在不是外部现实的同义语，而与主体认为是真实的东西同义。"[5] 也就是说，"实在"与历史的"现实"并非同一概念，真正指向强调的是主体性的认知问题，通过对历史的"现实"进行感受，结合主体经验再加工，实现了"实在"个体经验的认知。

笔者认为，张翎通过灾难叙事与个人经验的结合书写，追求对历史与现实中"人的情感世界"挖掘与描述，"自我"历史与宏大历史事件的"他者"所产生的"痛感"，让人在实质性地理空间与抽象的情感世界里寻找救赎的出口。张翎关注历史上中重大灾难对个人带来的暴力性伤害与启发性反思，也从微观上展现了对个人/人性内部情感世界的再认识。

Ⅱ. 边缘者的低声吟唱：从社会问题的弱者开始

张翎多在历史的框架中展开故事，除了可以看到她对宏大历史与家族史(以《金山》《劳燕》为例)的建构外，对小人物生命路径的关照也是书写的重要主题，"温州系列"中对女性个体经验的观照，《流年物语》虽然带有深刻的时代痕迹，但对活动于其中的人之悲欢离合的观察都超越了历史框架的限制，并且她善于将人物置于多重空间内加以描述，这就呈现了跨

5 上揭书，第142页。

时空叙事。然而，在张翎的三部曲中出现了悖反于她创作背景与主体的人物群像，她将观察视点投向现实社会的公共问题与边缘人物。何为边缘？边缘是相对于主流的概念，但主流与边缘已然不是二元对立的关系，而处于运动的状态，随时可能调换扮演角色。

《空巢》是张翎对当下中国老年化社会中的边缘群体孤寡老人实际生活的一次照明。小说采用了双线写作的手法，即父亲何淳安情感波折与女儿何田田的情感始末。首先，何淳安的情感生活的颠覆不仅仅是在妻子李延安去世时开始的，而是从结成婚姻关系时就存在了。当何淳安从自己的学生那儿得到精神寄托时，妻子的自杀对他造成了存在与情感的双重创伤：一方面是对妻子的情感愧疚，另一方面是妻子的离世造成自我存在意义上的孤独。因此，妻子的"在/不在"对何淳安都造成了孤独感。何田田同样遭遇到了情感孤独的危机，在选择出国之后又面临了存在的危机，秦阳的出现只是暂时填补了何田田情感的缺口。

小说中两个边缘人物春枝和秦阳对何氏父女来说，是徘徊于存在与情感上的必须人物，这两个人物可以被虚化成"保姆"和"男性"的任意所指，但是之所以被具象为"春枝"和"秦阳"，就是因为前者能和何淳安聊起"伍尔芙"，后者能对何田田惟命是从，在最需要时马上出现，这就表现了两者在存在与情感层面上的不可替代，而最终何氏父女选择了与两者形成情感结盟。笔者认为，小说虽已“空巢”命题，又在一定程度上表现了孤寡老人的生存困境，的确反射了中国老年化社会下衍生的各种问题。但是比起老年化问题，小说更反映了人在精神层面上的孤独感。其次，小说中人对孤独感所造成结果的处理方式首先呈现出“死亡”与“逃避”两种表现形式，包括李延安的自杀，何淳安拒绝保姆，何田田对秦阳保持忽冷忽热的态度等都表明了这一点，是保持主体性独立存在的形式。但是张翎并没有让人物搁置自己的孤独，她在讨论这篇小说时也提出：“李延安用结束呼吸的方式结束了孤独。何淳安和何田田父女在诸多的事情上看法迥异，却在对付孤独的办法上异曲同工——他们都用结党的方式抵抗了孤独。”[6] “结党”又具体表现为脱离个体或是步入婚姻两种方式，小说中对孤独的处理显得无可奈何，寻求异性共存体成为了逃避孤独的最优选择。但活着的人最终所传达的信息还是没有逃脱出“孤独未死，情感已死”的怪圈，结党而居的行为只是结束了个体性生活方式，却始终不能解决个体精神孤独的问题。

女性的边缘者书写在《都市猫语》中体现的最为明显。小说直接抛弃了海外空间，而直接讲述发生在中国话语下的中国人故事，但是张翎设置了城市与乡下的空间对峙，关注同为城市边缘人的男女在城市里面临的困境，及他们应对困境的

6 张翎：《余震》前言，长江文艺出版社 2018年版，第8页。

生存方式。小说中的男女主人公茂盛与小芬虽有直接的情感互动，但开始是通过各自饲养的两只猫之间的互动表现出来的。老黄对小黑的关心，到小黑离去后老黄的沮丧，再到老黄对小黑回来后的怜悯，无不都是投射出茂盛对小芬的情感变迁。茂盛对小芬职业的好奇与好感，在他目睹了小芬卖淫场面后全部破产，男性在生理性别上对女性的要求是没有阶级与身份之分的，他不允许女性身体的被霸占。然而，张翎要将这样的场面曝光，就是要揭开底层女性在面对家庭伦理秩序上的无奈。当小芬卖淫场面曝光后，张翎马上一反小芬以往的形象，形成了"盛气凌人"与"温婉谦和"的冲突场景，小芬坚持为茂盛洗脚，"洗"的行为动作将女性自我拒绝的"卑贱感"直接呈现出来，小芬也就交代了卖淫事件发生的原因。小说交代了小芬姐妹五人因为要救治弟弟而被要求外出打工，家庭对女性的要求只在于结果而不关心过程，而出卖身体成为了年轻女性最为快捷的选择，家庭伦理秩序给了女性制造了一个"绝境"，不仅是在性别上，也是在生存上。

雅克·德里达指出："绝境这个术语，指不断地不确切地戛制自己的一个单一职责，它本身就是裂痕，与自身相矛盾而不保持同一。我提出对绝境的一种非被动的忍耐就是履行责任和做出决定的条件。"[7] 可见，这里指出了主体忍耐绝境就必

7 【美】于连·沃尔夫莱 著，陈永国 译：《批评关键词 文学与文化理论》，北京大学出版社，2015年版，第28页。

然要履行某些责任或承担应付的代价。但值得注意的是，张翎没有将男性搁置，也没有将女性归为无知，她书写了两个重要的场面：一是男性偷窥女性内衣事件，在女性揭露事实前后，男性其实都存在自我厌恶的卑贱感，在卖淫事件后男性产生崇高感与附加给女性的羞耻感形成对峙，女性在人性情感上对男性的理解被折射出来。二是女性专用烟灰缸的意象，烟灰缸是接受肮脏的载体，女性却将它作为自己最后的一个精神净土。张翎没有要批判男性，也没有要褒扬女性，她要彰显的是小人物的日常和他们面对生存困境与情感困境的精神。《都市猫语》以猫喻人，关注处在社会底层边缘人的生存状态与情感世界，他们面临的是生存的困境，实现了张翎对性别书写的思考，两性互相间接性地参与到了对方的生活中。在生活的碰撞中，女性出卖肉体的悲哀，男性在纠结情感下的同情，卑贱感在两性之间游离而呈现出自我拒绝与救赎的姿态，两性表现出的是人最原始、最直接、最单纯的情感交换，也是来自底层人的情感意识与生存力量。

这是两篇最不“张翎式”的小说，完全回避了“史观化”的典型性书写，而关注普遍性的社会话题，描写被边缘化的人群，她不仅表现了所谓边缘人的生存困境和由此引发的情感之痛，还指出了其产生的原因，边缘者将外部症结内化处理后，造成了“自我”心理层面的回应，而最终出现死亡或是离散的极端性结果。其实，卑贱意识在极端历史背景下最容易被发现，张翎的《劳燕》便是最好的案例，故事最大的转折就在阿燕被强暴之后，无论是阿燕还是三位男性，战争强加给女性的性别暴力与男性对辜负女性的悔恨都造就了他们自我厌恶(拒绝)的卑贱意识。笔者认为，张翎的高明之处就是剔除了发生直观性痛感的可能，而呈现隐藏在日常中的隐性痛感的存在，这是张翎“疼痛”书写的另一种方式，而表现出对当下社会问题的观察与反思。

Ⅲ. 框架与视角 ：“时空型”框架与“多声部”语言

巴赫金创造了“时空型”概念，用以表现“文学所艺术地表现的时间与空间的内在联系性”[8]，显然，这是用以阐释小说文本中出现的“时间+空间”的叙事框架。他认为：“时空型在叙事作品中的作用最为重要，是为叙事作品的故事和情节两者相互关系所提供的思维场所。”[9] 时空框架的建构从来就是为文本中的主客体提供言说空间与可能，巴赫金指出：“时空型与人的生成、成长有不可分割的关系”、“分析、了解时空型，是认识人类自我意识和文学观的重要步骤。这是一种元批评的思路

8 刘康：《对话的喧声：巴赫金的文化转型理论》，北京大学出版社，2011年版，第165。

9 上揭书，第167。

或反思的思路”、“揭示了不同文化对于时间、空间和历史的不同观念，而且展现了各文化反思自身历史的不同方式”[10]。因此，建构时空型框架不仅表现在为言说主体提供思维场所，而更重要的是主体认识自我，进行反思的过程，即，以存在于有跨度的时空概念中的文本叙事完成对人性的体现与挖掘。

可以说，跨时空便是新移民文学主要特征之一，而随着“家国回望式”书写的展开，历史再书写成为了创作趋势，对重大历史话语下小人物命运的刻画不断涌现，也就形成了时间上的跨度。张翎是书写历史的高手，也是善于运用时空的行家，不管是《金山》《流年物语》还是《劳燕》，无不是在空间和时间的狭缝中来回穿梭，她在再现历史的同时，也是再造人史的过程。时空型框架可能成为新移民作家无法回避的一种形式，看似常规的格局布置，又能体现何种新意呢？笔者认为，就如巴赫金所说，时空型框架的建构不仅提供行为空间来发生故事，更重要在于提供思维空间认识自我，是发现主角、作家、自我和人性书写的过程。张翎的“生命力”三部曲中的跨时空书写，在时空交叉下最大化排除历史的干扰来关注“人”本体的情感建构。其中，《恋曲三重奏》明显地呈现了作家的写作动机。

小说《恋曲三重奏》中反映的问题单纯又复杂，从小说的标题就能把握到张翎要表述的内容是有关“恋”，呈现的过程是

10 上揭书，第174。

“三段”，而表现的形式是“重叠”。小说从一开始就对故事框架与情节走向进行了定位。讲述了一个女人和三个男人的感情纠葛，女性的三段情感就呈现了时空型框架建构的特点：

第一，时间性分段。王晓楠与张敏、许韶峰、章亚龙的感情呈现出“过去、现在、未来”的跨越性时间书写，在分析这三段同一女性与不同男性主体的情感时，笔者认为要注意两个问题：(1)这三段情感的发生契机与发展过程中，所包含的主动发生者女性的不同动机与认知问题。首先应该注意到王晓楠在与张敏的情感过程中其实扮演的是“第三者”的形象，但是这里的“第三者”又并非是传统意义上所刻画的婚姻破坏者的形象，而更多的是建立在两性精神层面上“他(她)才是对的人”的感性化认知。可以说，这是以两性生理性别意义为基本出发点的情感相遇，纯粹地表现性别生理认知需求，而避开家庭伦理话语的规范。男性面临了在感性认知上情感需求与理性认知上伦理纲常双重矛盾的无奈，并在两者发生冲突时选择了后者。而女性则自主选择成为伦理话语规范下的叛逆者，这是女性在传统伦理话语下的身份解构和在纯粹的两性生理性别意义中的自我身份再建构。这里女性对两性关系与身份建构的认知相对比较明朗化，纯粹从情感指向出发，即生理性征层面的认知。其次，在张敏离世后，许韶峰的出现并没有激起王晓楠在生理性征上的欲望，相反，男性表现出了积极主动的一面，但是女性之所以与男性发生婚姻关系，是由于在社会性别框架中受挫而引发的。小说中对王晓楠在被要求由新人代替之后的心理描写："她突然有了一种深切的几乎带了一丝恐慌的陌生感"、"她第一次觉得自己依旧是一个孤苦伶仃的寄人篱下讨生活的外来妹"[11]。吉尔·德勒兹曾解释说："主体在一个领域内履行个体化功能，个体不再是物或灵魂，而是一个人，活着的、有情感的、说和听(我—你)的人。"[12]这里强调个人作为独立主体性的自我意识与情感认知功能的体现，女性对自我在社会生产中的角色和关系进行了思考，进而对自己在社会生产活动中的存在价值产生了危机感，这样的危机感派生给女性的便是社会性别中的自我身份认同意识，集体他者与个人自我的身份边缘化意识使得女性试图在两性关系中寻找安全出口。再次，王晓楠与章亚龙的关系并非从两性关系出发，而是从雇佣关系开始的，那么，两性完全处于"上/下"的利益关系体系中。而且两性都身处异乡，首先面临着生存与身份的双重危机，然而，在当前两种危机暂时得以解决或遮蔽时，对于两性来说，最大的危机就应该是情感危机。而女性经历了"生理性征欲望——社会性别性征(身份与存在)危机——情感孤独(家庭缺席)"的过程；(2)所谓"当下"与"未来"的时间划分点问题。女性为主要情感发动者所经

11 张翎：《死着》，长江文艺出版社，2018年版，第257页。

12 【美】于连·沃尔夫莱 著，陈永国 译：《批评关键词 文学与文化理论》，北京大学出版社，2015年版，第305页。

历的三段感情中，与张敏的互动成为“过去式”已是毋庸置疑的，但和许韶峰与章亚龙的情感关系都表现为“进行时”状态，又如何说有“当下”与“未来”之分呢？王晓楠与许韶峰虽然分隔两地，但处于实际婚姻关系的状态，并且还维系着明确家庭分工的社会性别体征，因此，将其定义为“当下”情感关系互动是没有问题的。然而，王晓楠与章亚龙的情感互动比较复杂，两性关系从经济层面的雇佣关系开始，而原始两性之间利益关系的建构是由王晓楠与许韶峰共同决定的，进而由于身处异地的情感孤独感，逐渐形成了新的两性之间的情感结盟。从表面来看，这里的婚姻两性关系与非婚姻两性关系同时存在，但不能忽视的是，王晓楠与章亚龙发生的两性关系和身份、利益相结合而表现出“上/下”的框架建构，两者的互动表现为精神上孤独与空虚由肉体来填补的形式，而真正使女性对男性实现生理性征情感建构是在小说的最后：“王晓楠看完信，愣了很久。后来她就把信天衣无缝地封了回去。她开始考虑用哪一种途径可以最快地找到章亚龙。”[13] 应该说，一直到两封信将章亚龙的他者身份阐释清楚之后，女性才真正完成对男性情感认知体系的建构。因此，王晓楠与章亚龙的两性情感互动是存在未知性的，而更多的两性互动会在女性的“找寻”之后实现，是可以定义为“未来”时段的两性关系。

13 张翎：《死着》，长江文艺出版社，2018年版，第273页。

第二，空间性断隔。时间是横向划分，空间是纵向分割，时间和空间就构成了叙述的经纬线，对发生事件进行准确地定位，更有利于解读。华文文学写作的特点之一便是跨域书写，而张翎也很擅长将人物与故事徘徊于原乡与异乡的文化场域，作家在构建“本土/海外”的书写模式中，一来最大可能地放大不同空间里两性情感上的伤痕，比如挖掘出王晓楠与许韶峰婚姻关系中隐藏着的情感裂缝而使之成为了显性的存在；二来在体现族裔身份认同的同时，表现身份与文化认同的艰难、苦闷与孤独，进而实现情感上的慰藉与认同，比如王晓楠与章亚龙之间情感关系的形成与转变。

第三，保持距离与相互纠缠相结合。“距离”与“纠缠”不仅表现为时间与空间概念上的关系，更主要的是表现在女性主体与男性群体之间的情感关系。女性与三位男性之间的情感互动关系不仅如此，就连毫无关系的三位男性之间，因为女性的个体经验被联系在一起，他们之间保持距离的同时，也存在共性，比如因为球类运动、男性肌体等将三位男性产生关联，这里不做赘述。

笔者认为，张翎设置了具有横向与纵向跨越的时空型架构，就和康德所提出的空间理论相通，为其中的行为主体提供行为场所的同时，构建了发现与反思真实人性的空间。不仅如此，巴赫金的对话论还打破了文艺“内在/外在”的二元对立框架，提出“文本”内部的对话性，主张小说话语的“多声部”语言形式。他特别通过阐释陀思妥耶夫斯基的小说来表现小说话语语言杂多的特征："陀思妥耶夫斯基作品中作者与主角的对话、主角与主角的对话充满着矛盾、对立、冲突、二律背反、似是而非的辩证关系，但他的立场不是一种非此即彼、一分为二、合二为一的辩证立场，而是一种亦此亦彼、同时共存的对话立场。"[14]在小说"文本"的叙事语境中，对话无处不在，它不仅表现了文本外部与内部的沟通，也在于文本内部的话语关系建构，就会出现"主体/他者"的对话，并且主体与他者没有被固定下来，而可能出现作者与主角、"主角"与"他者们"的多重性对话模式，因此，就直接指向小说文本内部叙事视角的问题。

张翎小说中最直观出现多重视角的作品莫过于《流年物语》，有学者就指出："视角与意象互相渗透；话语层与故事层的转换。"[15] 的叙述特征，作者、人物、意象(作者、主体和他者)的交叉对话，呈现了小说文本的不同景观。而在她的"生命力"中延续了其多重叙事视角的书写。以《向北方》为例，它与张翎以往风格有很大的不同，不仅跳脱了惯常书写模式——浙南小镇/温州系列，而且避开了宏大主题书写与微观心理刻画，是极

14 刘康：《对话的喧声：巴赫金的文化转型理论》，北京大学出版社，2011年版，第132页。

15 卓今：《站在不远处看待危险的自身——张翎的新长篇〈流年物语〉分析》，《文学评论》2017年 第06期。

平常的旅行纪实。作家将故事叙述空间设置在加拿大北方的印第安人部落中，这里的空间移位延伸到了极北地带。有学者认为："当中西文化的冲突消融淡出之后，南北地域的对峙不期然浮出水面，成为张翎反复探及的话题。换言之，南北对峙在某种程度上成功置换了惯常的中西冲突。"[16] 诚然，张翎在进行中国故事书写之后，很大程度上避开了中西方文化冲突的话题，在地域跨度和人物选择上也融入了大量的北方元素，但是对峙的成分还是比较隐性的，表现差异但没有显性的对抗话语。北方只是成为了讲述中国人故事发生的容器。《向北方》不像《余震》由发生在中国的某一重大历史事件孕育而生，也不像《空巢》呈现了当下中国人社会生活中遭遇的具体实际问题，而是在讲北方精神，这是一次书写视角的转换。

小说主人公陈中越有家庭、有事业，但是在家庭伦理秩序中受挫的陈中越主动选择离开家庭、抛弃事业追求北方。作家穿插陈中越写给女儿的信件来表现他内心认知的变化过程，"信件"成为一个重要媒介，它实际上构建了与陈中越相分离的"他者"，"他者"包含了"女儿"与"重建自我"的内涵，也组成了有趣的对话，即，作家、主角与他者的交流，共同面向追寻"北方精神"的命题。就如张翎说的："我的场景有时在藻溪，有时在温州，有时在多伦多，有时在加州，就是说一个人的精神永远'在

16 胡贤林：《向北方：自由飞翔的姿态——论张翎的北方书写》，《暨南学报》2011年 第05期。

路上'：是寻找一种理想的精神家园的状况。"[17] 陈中越通过达娃与尼尔的母子互动重新认识了生命的意义。尼尔是早产儿，甚至一度被要求放弃他的生命，达娃用她的母爱与对生命的敬畏感救活了尼尔，虽然因先天残疾而失去了听力与语言能力，但在陈中越的教育下逐渐形成了从"残疾怪孩子"到"正常人子"的跨越，这也是一次从"肉身实体"到"精神情感"的蜕变……张翎就是要让在现实中有所失去的人，能够在精神的领域中找到属于自己的慰藉。有趣的是，张翎让达娃与裘伊——中加两国的两大古老的民族(藏族与印第安)——相遇，对于陈中越来说，他需要找寻的就是精神上的信仰，对生命与存在的体识。张翎讨论宗教问题时说道："宗教中蕴藏着人性中最根源化的东西。"[18] 对作家的宗教意识的感知，有学者也提到："宗教信仰决定了她的心灵宽度与广度，悲天悯人的宗教情怀也自然流露在她的作品中。"[19] 笔者认为，作家所指的北方精神可能与具体的宗教无关，是对人的精神向度作一种追求。

而《死着》中视角设计就更加大胆，张翎在小说中采用了多

---

17 南航：《十年积累的喷发——张翎访谈录》，《文化交流》2007年 第04期。

18 万沐：《开花结果在彼岸——〈北美时报〉记者对加拿大华裔女作家张翎的采访》，《世界华文文学论坛》，2005年第 02期。

19 张悠哲：《一个女人的心灵史诗——解读张翎小说〈余震〉》，《名作欣赏》2011年 第09期。

个人物的观察视角进行穿插式叙述，小说开篇就采用了亡灵叙事的写作视角，提出产生“原来你就是我。或者说，你就是我。”[20] 疑问的原因，亡灵叙述视角在此后发表的《劳燕》中得到更大地发挥。笔者也提出了疑问：为何在采用亡灵叙事视角时，采用“死着”，而不是“死者”呢？可以发现，小说并不是简单地通过亡灵的视角完成故事的铺陈，而且小说的构架不允许路思铨成为真正的亡灵。张翎为路思铨设计了多种“不能死”的理由。“刘主任、王队、廖总，他们诠释着法制、医疗、金融三个层面对‘死着’的理解。”[21] 小说从居民、患者、员工多样的社会角色分工体现对生死观的反思，对人性中“利”与“德”纠葛的揭露与批判。然而，小说中最重要的叙述视角是由盲人茶妹完成的，就像安东尼·德·圣·埃克苏佩里所说的：“只有用心灵才能看得清事物本质，真正重要的东西是肉眼无法看见的。”[22] 张翎让茶妹用“耳朵”顶替了“眼睛”的功能，也只有用心去听，才能感受到路思铨对“生”的无望和对“死”的抉择，茶妹完成的是对路思铨人格尊严的挽救。张翎书写的“死着”不单纯是“活着”的相反状态，又和“死亡”有所区别。“死亡”表现的是一种结

20 张翎：《死着》，长江文艺出版社，2018年版，第7页。

21 戴瑶琴：《张翎小说〈死着〉：我们已看得太多，听得太少了》，《文艺报》2015年8月14日 第04版。

22 安东尼·德·圣·埃克苏佩里：《小王子》，天津人民出版社，2015年版，第96页。

果，而“死着”呈现的是一种过程，但又与“死”相关，以“死”的形式承载“活”的内容。因此，张翎展现了人的不同状态，她打破了“生/死”二元对立的叙述结构，而书写介于“生/死”之间的特殊存在形式，小说的标题就折射出作家对“生/死”的哲思。

综上所述，小说文本内部发生了多重叙事视角转变，虽然作家塑造了专门的主角进行整个故事与情节的互动，但主角表现了非固定性的特征，并分离出若干“他者”形成对话，特别在《死着》中，叙述视角以“灵魂自我”观察“肉体自我”的方式，以“盲人视角”表述“看”的功能。笔者认为，文本内部实现“多声部”对话模式，最重要的还是指向对人主体性的思考，不管是什么主题书写，都可以看到人面临的各种危机感，可能是生与死的抉择、自由精神的追寻、情感缺失的救赎等，张翎揭露人性中的“疼痛”症结，而寻找“治愈”之法。

随着海外华文文学的研究形成学科化、体系化的现状下，有关张翎文学创作的讨论也形成了相当的规模。有学者指出：“张翎小说所描绘的世界，看上去好像是在写北美，其核心是在写大陆，只不过这个大陆，是有了北美介入的‘开放的’大陆。”[23]另外，还有学者在讨论华文文学叙述时直言：“在严歌苓、张翎、陈河等海外华文文学代表性作家这里，更多的，是一种‘中国叙事’或者说‘中国故事’的讲述，旧有的‘离散写作’、‘离散美

23 刘俊：《世界华文文学整体观》，人民文学出版社，2007年版，第172页。

学'等术语，已经无法概括和囊括愈来愈呈现新变的他们的创作。"[24] 两位批评家共同提出了张翎在文学创作路径上发生的变化，即"中国故事"和"开放的大陆"，呈现"回归式"的书写策略，这也是当下华文文学写作的趋势。近年新移民文学的关键词也就不会只关注在"离散""身份""认同""文化冲突"等术语上，对中国故事的书写也不会只是对传统历史的再叙述。张翎的"生命力"三部曲虽然以历史作为嵌入点，但已非单纯作历史再建构书写；不只关注女性，也对人性，对边缘人群细致观察；不仅表现时空的跨越，还在文本内外部实现多重对话模式。所有的形式都为了表达"疼痛"书写的内容，而承载"疼痛"的主体正是"人"本身。在跨越书写中，张翎关注"人"——书写"人性"，揭示"人的情感"、讲述"人的生存"——借由"生命力"三部曲，张翎实现了对个体生命多维度的观察与思考，也是她在文学写作内容上的一次深化。

24 刘艳：《海外华文文学与中国当代文学叙述的兼容性问题——以严歌苓、张翎、陈河研究为例》，《当代作家评论》2018年 第05期。

Ⅲ

台湾，香港的华文文学

白灵诗歌语言艺术研究

Ⅰ. 绪论

作为台湾中生代(战后一代)诗人，白灵具有深厚的中国传统文化底蕴和丰富的化学领域、美学专业和医科学研究背景。并在过去的四十年里写下了大量的优秀诗篇、散文、诗论。他最成功的创作技巧之一就是对隐喻语言的使用。亚里士多德(Aristotle，公元前384-322年)认为，隐喻是赋予一个事物以其它事物的属性。这种隐喻观至今仍然是西方诗人衡量"隐喻"概念定义的标准。莱考夫(Lakoff)和其他学者将隐喻归纳为三个类别。即：语言隐喻，概念隐喻和诗意隐喻。"隐喻"修辞作为识别文本潜在意义的一种手段是非常有效的。语言隐喻还有三个子类别，即比较视图、替代视图和交互视图。这三个子类别的划分进一步加深了从文本中萃取意义的目的。概念隐喻链接了两个概念域，即"源域"和"目标域"。"源域"所创建的语义链接由相关的词汇和词组组成，用语言表达，直接存储于大脑中。"目标域"往往是抽象的，通过隐喻链接将它的结构从"源域"中抽离。因此，"目标域"被认为是实体、属性和过程之间关系连接的纽带，映射“源域”中的文本发现。莱考夫(Lakoff)认为，诗歌隐喻与认知、意识形态属于同一层次，但在意义层次上却大相径庭。人们通常使用隐喻来谈论抽象的事物。这种行为经由大量的语言学实证已被广泛证实。通过对所使用的隐喻进行仔细的研究、考察，是发掘人们通过大脑(精神)构造抽象域的重要关键因素。如果我们仅仅从表面去理解所使用的语言，将很难正确地把握整体的隐喻系统。因此，本研究将利用认知语言学相关理论以及其他为我们所接受的西方理论，对白灵的文学作品进行全面分析，从中得出相应的实证意义；运用西方理论相关研究成果，真实、全面地掌握实际研究过程。当然，白灵的诗歌语言不仅仅限于对隐喻性语言的运用。比如，“陌生化”在白灵的诗歌中就有好几种实现方法。然而，隐喻性语言的使用仍然是他实现“陌生化”的主要方法。他不断地借此配彼，因此，可以说他的语言是隐喻性的，思维过程也是隐喻性的。

本文以隐喻理论展开讨论，解开他错综复杂的理论写作手法；建立理论框架，来研究他对词汇的选择与运用；探讨诗歌传统习俗与诗歌创作之间的紧张关系；尝试分析各种隐喻意象，寻找符合审美标准和政治主张的诗歌惯用语法。我们得出的结论是：研究白灵诗歌创作的艺术表现技巧是值得的。白灵的诗歌创作表现手法突出了他对诗歌的整体构思和诗歌情节的铺开，特别是将神话传说与艺术意象的隐喻相结合，这种写作手法将历史事件与作者潜在的对历史事件的评论相联结，结合艺术的讽刺表现来组构诗歌概念。

本篇论文我们选择《大黄河》、《慰安妇自愿说》和《风筝》这三首诗来进行研究。

Ⅱ．神话的运用

白灵一家来自中国大陆，受家庭的熏陶、影响，白灵慢慢成长为一名热爱文学、向往中国大陆尤其是对他祖籍的向往，即他父母曾经生活过的家乡。在他的内心深处，他深情地渴望着台湾岛能够回归祖国大陆。这些向往与渴望皆表露在诗文中。比如在巨篇长诗《大黄河》中，他深情地赞美了中华五千年辉煌而又极具韧性的历史，赞扬了中华民族各族人民的勇敢精神，所有这些语言文字都显示了他对大陆的强烈向往。

黄河是中国的母亲河。在奔流向海的途中，滋养、孕育了中国的古代文明和文化。因此，黄河的文化原型的意义是，作为母亲，她哺育和滋养着中华民族，也因此被赋予了具有悠久文化历史传统的中华民族的特征意义。《大黄河》因其自然意象的力量和隐喻的精神形象而加深了中华民族的身份认同。

我们可以在经典诗歌中找到知音、自我认同模式、护身符和精神家园。白灵在作品中利用中国古典故事中的中国文化意象，多次抒写中国这个有着五千年悠久历史与辉煌文化的国家，中国人民在他的诗中呈现出勤劳、勇敢、智慧的特质。

白灵具有独特的审美心理、审美习惯和审美情趣。在诗中他使用中国文化的重要自然原型，如“莲花”、“松树”、“柏树”、“柳树”、“夕阳”、“月亮”和其他符合国家的历史记忆、个性、精神等文化意象。每个原型都有超越他们本体自身的哲学意义或象征意义。从检验原型批评理论中我们意识到了这些自然意象对人类具有审美意义的主要原因——他们凝结、维护着人类的历史和文化，赋予人类丰富的人生和生动的情感。

台湾中生代诗歌多次出现三种文化原型。其中一种原型就是“黄河”[1]、“长江”、“月亮”这种纯粹的自然物象。另一类是在诗歌《长城》中描绘的人类在文明进程里人为创造的物象。第三种类型是虽带有深厚情感却很抽象的意象，如“龙”。然而，无论什么样的文化原型，其最终的精神指归都是中国及中国历史。

白灵的长篇叙事诗《大黄河》由三部分构成。十三段气势十足的诗歌主体，十六小节，三百一十九行。全诗虚实相生。白

1 黄河是継长江之后的亚洲第二长河，世界第六长河，长度约为5,464公里。起源于中国西部青海省的巴彦山脉，流经九个省份，进入山东省东营市附近的渤海。黄河流域东西向约1900公里，南北段约1100公里。其总面积约742,443平方公里。黄河被称为“中华文明的摇篮”，是因为它是中国古代文明的主要发祥地，是中国早期历史上最繁荣的地区。但是，由于频繁的洪水，河床不断升高，导致航道发生了变化，有时高于其周边农田的水平线，导致洪灾频发，因此又被称为“中国的忧患”。

灵将地理黄河的实景描绘与精神黄河的抽象隐喻融会贯通，对中华民族生生不息的历史和勇往直前的精神进行了深情礼赞。诗歌抓住了黄河“动”的基本特征，运用正体语言塑造了黄河崇高的表征形象，体现出诗人强烈的大中国主义的情怀。

一切都在　　动
肉眼可见水最动
黄河，中国的胎盘、子宫
脐带！中国最最具体的“动”
中国黄金闪闪的龙啊

曲曲折折，曲曲，折折
爱动！
爱像新春的舞龙
爱在人烟稠密的广场
爱在华夏中原，平平坦坦
……

而黄河，而龙啊
中国最神秘最最雄壮最最撼人的龙啊
终不肯藏形，不肯就擒，终不肯！
一切都因为
动

白灵在诗中将黄河以母亲的形象展示给读者。黄河在传统上被比喻为一名孕妇，当她奔向大海时，孕育了中国的古代文明和文化。因此，黄河这一文化原型的意义在于她作为一名母亲滋养着中国，而“中国的胎盘”、“子宫”和“脐带”的意象更加强化了“母亲”“怀孕”的形象。白灵把形容词“大”放在黄河前面，显示出他在对中华民族的深切认同中所呈现出的深厚的哲学意蕴。另一佐证就是他在诗中向我们展示了中国浩大的场面，伟大的灵魂，宏大的境界和重大的创造。

中国意象是白灵作品中的一个重要特征。他维护着中国文化，提出了中国本土文化的标准。黄河对中国人来说有种抒情的意象，她承载了无数神话传说和文学典故，有着一定的内在的文化规范，对中国文化有深远的影响。这就是白灵将从古至今的黄河形象，贯以历史、事件和名流的原因。白灵的父母来自中国大陆，因此他对遥远的古中国和中国的历史、人物有一种渴望。就像深深烙印在他脑中的黄河和长江一样，他作品中的中国形象都是带有他自己的个人情感描绘出来的。

“深描”这种人类学上的写作要求，指的是从极简单的动作或词语中追求隐含的社会内容和文化意义，通过一些细节描述为我们提供广泛的解释和意象思考。从白灵对中华民族发展史的有机叙述中我们可以看出，他所表达的是“中国是黄河”，“黄河即中国”的论断。换句话说，中国(及中国的悠久历史)像黄河一样不断地涌动、前行。

> “表达高度尊重，不要吝啬赞美”。“个人感觉，爱国主义，对民族文化的热爱，对祖先和土地的热爱，这四种情感交互混合，相互辉映，形成了四条多元化的线条，它们捻合在一起成了一条坚固的钢丝绳——她(象征性的大黄河)成为关乎中华民族生与死的生命线——历史永恒之河。 这种写作技巧比较突出，但是在长诗写作中却很少见。 ......
>
> (白灵，《大黄河》，页233)。

在诗的结尾白灵写到“水涌到岸上。”实指人们对土地的哭泣。这句实际上是描绘成千上万的人民如潮水般涌到上海和天安门广场，大声哭喊着“人民是什么？！”一般的中国人都知道，“水能载舟，亦能覆舟”这个道理。人民如水，政府如舟；水既能让船安稳地航行，也能将船推翻吞没，沉于水中。

白灵不只抒写中国积极的一面，还着眼于中国社会实际存在的现实问题，而这些问题则是大多数中国学者避而不谈的，因为他们觉得，如果谈论此类话题的话会使他们陷入狭隘的政治观。

人类社会文化、思想和其他精神财富的积累就像遗产。可以说，人类社会的每一个进步都是由于继承了前辈的研究，在前人研究的基础上，做出的有力且具有创造性的研究成果。因此，创新是在继承别人的研究成果的基础上产生的。中国文学批评界对台湾当代诗歌已经做了一些研究，给我们提供了初步的思考和讨论，也为我们进一步探究台湾中生代诗歌奠定了基础。此外，还给我们留下了一块尚待研究的领域。我们应该认识到，对现有的学术研究成果的继承是为了帮助我们对自己的研究进行重组、评估、判断和创新。

Ⅲ. 历史抒写

菲利普·西德尼爵士(SirPhilip Sidney)在1580年左右写的《诗辩》中引用了霍拉斯(Horace公元前65-8年)的一句比较有影响力的言论，诗是“一幅活的图画，并带有这样的目的：使人受教育，也使人快乐。”雪莱(Shelley)对诗歌的观点与二十世纪俄罗斯批评家后来称之为“陌生化”[2]的观点基本一致，见雪莱的《为诗辩护》(*A Defence of Poetry*, 1821年)。换句话说，艺术家的工作是让事情变得复杂，拒绝自动回应，让观众参与、思考，从而延长审美经验，展开更深层次的感受。对雪莱来说，诗歌“撕开了我们所熟悉的遮掩世界(腐朽陈旧表象)的

2 这种创作技巧见于英国浪漫主义诗歌，特别是在诗歌《华兹华兹》(Wordsworth)中，塞缪尔·泰勒·科勒里奇(Samuel Taylor Coleridge)在他的《文学传记》(Biographia Literaria)里给出了定义：“把童年的感觉带入成人的权利世界；将孩子的好奇感和新奇感与四十年来每天面对的早已熟悉的外表相融合，[...]这是天才的特质和特权。”最近一段时期，这一观点与诗人兼剧作家伯托尔特·布莱希特(Bertolt Brecht)的“异化效应”(Verfremdungseffekt)关联起来。“异化效应”是研究戏剧入门的强有力元素。

面纱[...]，使我们的灵魂之眼穿透弥漫的尘雾，得以窥见人生的神奇美妙[...]，为诗所驱使，我们便能去领悟我们的所见所遇，去思考我们的所感所识。雪莱在一百年前他独特的权威性散文中诠释了所有的观点：

> "创造性的思想是一块褪了色的煤，一些看不见的影响，一场不寻常的风，唤醒了瞬间的光明；这种力量来自于内部，像花的颜色一样，随着它的盛开而颜色变浅，不论我们性质的意识部分是接近还是离开。"
>
> (《为诗辩护》，999-1003行)

批判性理论要早于个人作品的文学批评理论。最早的理论著作是亚里士多德(Aristotle)的《诗学》(公元前4世纪)，尽管它的标题是关于文学的本质。亚里士多德提出了悲剧的著名定义，坚持认为文学是关于性格的，性格是通过行动来揭示的，并且他也试图找出情节发展中所需要的各个阶段。亚里士多德也是第一位以读者为中心的文学研究批评家。他说，悲剧应该刺激怜悯和恐惧的情绪，大致如此；同情主人公，同情主人公的困境。当观众因识别中心人物而陷于困境时，这些情绪混合在一起，就形成了亚里士多德所谓的"宣泄"[3]效果。

3 Peter Barry, *Beginning Theory-An Introduction to Literary and Cultural Theory*, Great Britain, Manchester University Press. 2002. 21-22。

《慰安妇自愿说》[4]就是这样的诗歌。讽刺日本政府企图掩盖、否认他们对中国的侵略和野蛮行径，美化、宣扬他们的丑陋罪行，愤怒而又理性的白灵则感慨着、叹息着写下他的感受。他不仅仅着眼于中国，而是将人文关怀放在了全球类似问题上，并付诸于笔下。他的温和、善良、博爱和正义感都在他的诗歌中毫无保留地表现出来。但在影视作品、书刊杂志、日本的官方声明中，日本政府暗示了他们所犯下的这些罪行根本没有发生过。例如日本军国主义所犯下的惨绝人寰的杀戮——南京大屠杀，根本就没有发生过。当白灵看到日本政府宣布所有这些被强迫或被欺骗的妇女是自愿提供性服务而不是被强迫或被欺骗的消息时，他写下了《慰安妇自愿说》这首诗，以讽刺2001年日本官方对此类事件的立场。除这首诗外，他还写下了多篇关于日本对中国的侵略行为、日军在中国的种种野蛮行径的诗歌。虽然这些诗的主题都是历史，但没有一首诗让读者觉得厌倦。白灵在诗中运用了丰富的想象力、隐喻、拟人和其他修辞手法，以生动的写作风格，使读者在阅读时仿佛身临其境。

4 在日本统治时期，数以千计的台湾妇女被迫或被欺骗去东南亚为日本军队提供性服务。这些妇女大多数都死了。有些死于性病，有些是因身体过多地被众多日本兵蹂躏而身亡，另一些则是被日军所杀。但日本政府却宣称所有这些妇女都是自愿提供性服务，而不是被强迫或欺骗。白灵写这首诗讽刺了日本官方的立场。白灵.《慰安妇自愿说》,《白灵诗选》[M]. 北京：作家出版社，2009:76。

《慰安妇自愿说》

森林自愿着火
好让闪电抽亮它的鞭子

房子自动摇晃
方便地牛打哈欠

肉体自己打开伤口
因为子弹要路过

头颅有机会掉落
全因武士刀锐利的仁慈

所有的番薯都剥光了自己
躺满岛上，说：
“来吧，历史！踩烂我！
让我好好地爱你们的脚迹！”

白灵将“双关”和“心理排比”修辞手法交互使用，贯穿整首诗，具体见下表。

心理排比	双关
森林自愿着火	好让闪电抽亮它的鞭子
房子自动摇晃	方便地牛打哈欠
肉体自己打开伤口	因为子弹要路过
头颅有机会掉落	全因武士刀锐利的仁慈

每一组对比意象都暗含着侵略与被侵略，每一组侵略都有虚拟感。诗人用“双关”贯穿诗的始终，并反复使用含有“自愿”意味的词语，看似避开了“侵略”这个主题，实际上却是对“自愿”的一种强烈的反感和否认。“双关”的使用延长了对情感的简单否定，深化了诗歌语言内涵，这确实使读者在阅读时把握住了作者的意图，即“暗示而不明说，批评而不滥用，不过分，不激进，却充满机智和幽默，百感交集”，使文本的长度和深度可以不断延伸。“心理排比”主要利用诗的意象的形式划分来构建平行度，使原来的简单意象可能会变得复杂而模糊，从而使诗歌的内涵更加丰富，将历史残酷的相似性在众多的作品中表现得淋漓尽致。也就是说，“心理排比”不仅扩大了文本的空间，而且延伸了读者的接受过程，强调了嘲讽的意味。历史的丑恶似乎从来没有放慢过它的脚步，而是在不断地重复。就像什克洛夫斯基(Shklovsky)所说的，排比的重要性在于在相似中感觉到差异，排比的目的是将对象从普通感觉域转移到新的感觉域。所以文本中词与词之间细微的相似之处能够在读者心中不断地延伸，诗学想象可以在类似的建构中不断深化，阅读高潮可能会被持续阻止，由此能够不断延长读者对文本的接受时间。日本不但不为其侵略罪行和惨绝人寰的屠杀而道歉，反而不断美化他们所犯下的罪恶。在《慰安妇自愿说》中，诗人将讽刺与可笑相联通，表达了她们什么都做不了，只能在武士刀下被迫自愿的无奈境地。《慰安妇自愿说》的最后一句是亮点，强调并引导了诗歌有特征性的、炙热的升华。

所有的番薯都剥光了自己
躺满岛上，说：

“来吧，历史！踩烂我！
让我好好地爱你们的脚迹！”

谎言被美丽的面纱遮蔽。强迫成了自愿，丑陋被点缀成了奉献。这一荒谬的历史性观点从日军丑恶的行为中脱颖而出，甚至与反对的压倒性证据相抵触，对我们经历过的那段“黑暗历史”的真正后果的伪造，对自愿的美化，白灵则勇敢地呼吁一个截然不同的诗歌新世界。

什洛米斯·里蒙-凯南(Shlomith Rimmon-Kenan)试图推广不可靠叙述，并提出，读者有理由质疑叙述者的描述和/或对故事的批评，属于不可靠类型。[5] 不可靠叙述可以拓展出各种艺术效果。埃玛卡法莱诺斯(Emma Kafalenos)提出，不可靠叙述能够抑制盲目的认知并能拖延审美时间。[6] 关于不可靠叙

5 Shlomith Rimmon-Kenan, *Narrative Fiction: Contemporary Poetics,* 2nd Edition. London: Routledge. 2002. 104-105。

6 Emma Kafalenos, “Not [Yet] Knowing: Epistemological Effects of Deferred and Suppressed Information in Narrative(A). *In Narratologies: New Perspectives on Narrative Analysis,* [C]. ed. David Herman,

述的典型案例见于《白灵诗选》中的《慰安妇自愿说》。在这种模式限定的诗歌中，每行一般有五个字，每组两行，以此类推组成一首长诗。白灵旨在嘲笑和抗议日本政府提出的“安慰妇是自愿的而不是被强迫的”荒谬声明。这种讽刺和不可靠叙述表现在——诗中的对象物都是自愿受伤。一连串的事实被消除，一系列的事实被颠覆，使读者在阅读后对敌人产生了仇恨。这当然也取决于读者在接受文字信息时对诗歌的真实含义的思考有多深刻。也就是说，审美经验的延长，可能会使读者有更深层次的感受去把握这首诗的真实意义，更深刻地感受到慰安妇的血与泪。

白灵汲取了中国传统文化中的精髓。当他关注台湾和宝岛民生时，注意将中国传统与台湾的社会现实相结合。因此当日本政府故意歪曲、否认对中国人民所犯下的令人发指的战争罪行时，他以强烈的讽刺言辞，在诗中抨击了媒体。这种现实主义的创造精神和表达则反映了他作为现代知识分子的理性精神。

Ⅳ.诗学想象

语言往往是诗歌意象的载体。诗歌语言是话语的产物，是

Columbus: Ohio State UP, 1999. 33-65。

作者对文字安排的故意扭曲。如果应用于文本，读者直观面对的是语言的并置，这种并置使得读者能够享受长时间的文本阅读[7]。哈弗瓦内克(Bohuslav Havranek)还表示，诗歌隐喻与日常语言不同，会引起异常和反自动反应，在给读者带来惊喜的同时，导致拖延。[8] 白灵在他的一些文章中讨论了诗歌的艺术性和音乐性。他非常注重诗歌语言的选择与运用。虽然日常性语言和实用性语言也现于他的诗歌，但更多的是诗意的描述。用诗意而浪漫的语言表达，诗歌就能为读者带来丰富的语言体验。白灵的小诗《风筝》[9]写于1987年：

扶摇直上，小小的希望能悬得多高呢
长长一生莫非这样一场游戏吧
细细一线，却想与整座天空拔河
上去，再上去，都快看不见了
沿着河堤，我开始拉着天空奔跑

7 Victor Shklovsky, Art as Technique, *Theory of Prose*, Dalkey Archive Press, 1991:68。

8 Bohuslav Havranek, *The Functional Differentiation of the Standard Language.*" A Prague School Reader Esthetics, Literary Structure, and Style, trans. Paul L. Garvin, Washington: U of Georgetown P, 1964: 10。

9 白灵.《白灵诗选》[M]. 北京：作家出版社，2009:16。

这首小诗充满诗意的语言表达、"精致的意象"、"充满张力"，打破了常识、逻辑排列和排序。诗歌创作运用了拟人、转喻、隐喻以及其他修辞手法。这些修辞往往会大大扩展语言的张力，并在丰富语言的表达和句型方面发挥重要作用。"扶摇直上"的主语应该是"风筝"，但这一主语在第一行中被省略了，并在下一句转变为"小小的希望"。一方面，这使得语言更加简洁；另一方面，丰富了饱含情感的风筝的含义。诗文第二行，白灵用诗意的语言"长长一生莫非这样一场游戏吧"来进一步强调，将风筝比喻为生活，从"风筝"到"希望"再到"生活"。短短几句话，他将诗的主题上升到了一个新的高度。紧接着他写到，"细细一线，却想与整座天空拔河"，他用"拔河"这一拟人手法把细线和天空相对照，对生活中的各种拉扯和拖累做了明确的隐喻。诗文最后一行，"沿着河堤，我开始拉着天空奔跑"，是整首诗中最精彩的部分。诗人运用夸张和丰富的想象力，全面展现了诗歌的语言美。正如吴当的评论，"拉着天空奔跑的意象，是人与空间之间的联系，这种丰富的想象不由得让我们为之鼓掌称赞。"[10]

另外，这首五行小诗运用了不同的写作手法(修辞、语法)和陈述句，诗人从客观描写转向心理活动描写又再次转向客观行为描写。诗人的视角与空间多次转变。语言、魅力和结构的

---

10 吴当. "耕耘与领航——读《白灵世纪诗选》",《拜访新诗》[M]. 台北：尔雅出版社，2001:104。

完美结合，成功地引起了读者的注意，充分地延长了审美体验。白灵认为，诗与生活是不可分割的，这意味着，一首可读的诗应该是一系列生活的剪影。因此，在《风筝》中，诗人用生动的诗歌语言向读者展示了他对生活的认识和理解。

《风筝》选自《新诗二十首》[11]，《拜访新诗》[12]，《新诗读本》[13]，《现代新诗读本》[14]，《小诗星河》[15] 等。2002年9月，《风筝》被选入台湾(翰林版)国中第一册国文课本；2004年，《风筝》被选入台湾初中二年级国文课本第四册。现在让我们来具体研究一下这位诗人二元建构的风格和思维模式：

空间

小小的 风筝

vs

广袤的 天空

时间

短暂的 游戏

vs

长长的 一生

11 白灵.《新诗二十首》[M]. 台北：九歌出版社，1998:85。

12 吴当.《拜访新诗》[M]. 台北：尔雅出版社，2001:101。

13 萧萧(萧顺水)，白灵.《新诗读本》[M]. 台北：二鱼出版社，2002:343。

14 方群，孟樊(陈俊荣)，徐文蔚.《现代新诗读本》[M]. 台北：杨志书籍有限公司，2004:266。

15 陈幸蕙.《小诗星河——现代小诗选2》[M]. 台北：幼狮文化事业，2007:138。

空间与时间，风筝与生活的隐含对比见下面的图表：

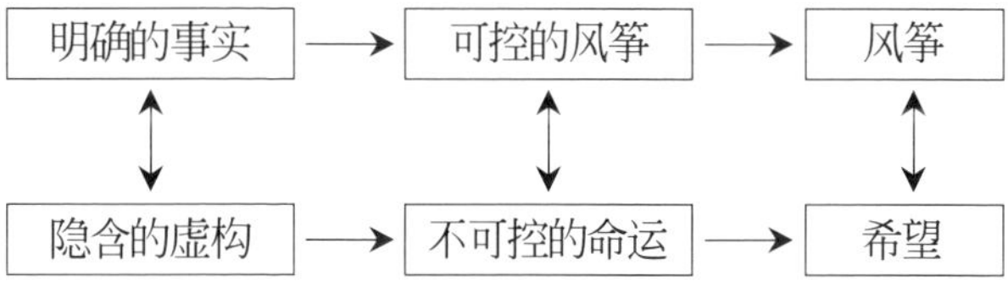

大卫·米克尔森(David Mickelsen)在《叙事空间结构类型》中声明，诗化的叙事语言可以吸引读者，充分发挥读者的想象力，从而停止阅读。[16] 当我们读《风筝》的时候，这样一幅画面就会出现在我们的脑海中：人在天空和河堤之间正奋力拉扯着风筝奔跑，而风筝却要保持它的高度，甚至在几乎看不到它的程度。诗文似乎也飞了起来，生命也仿似在飞翔，身体像灵魂一样轻盈。令人悲伤的是，作为一种不确定的希望(人类将会死亡而最终消逝的命运)，却与广袤无边的天空拔河(天地没有爱与恨，视万物为虚无)。这类传说可类比《夸父追日》和《西西弗斯神话》(西西弗斯不断地将石头滚到山顶)。《风筝》由六十五个简单词组成，以二元思维来阅读具有丰富的含义。白灵并没有特意去谈人生，但我们从每行诗文中都能够看到人生，能够对生活有不同程度的理解。可以说，乐观主义

16 David Mickelsen, "Type of *Spatial Structure in Narrative,*" Spatial Form in Narrative, eds. Jeffrey R. Smitten and Ann Daghistany, Ithaca and London: U of Georgetown P, 1981:72。

存在于悲观主义中，悲观主义是生活的基调，乐观主义是对待生活的态度。这是另一种比较与混合，也是研究《风筝》的主轴。

V. 结语

白灵在艺术思维观念更新的统领下，继承并超越了"五四"文学艺术派的"纯美"传统。白灵的诗歌不仅意象使用的很出色，激发了读者的想象，而且形式相当完美。

意象显示了作者对隐喻语言持续而有效的利用。讽刺的是，白灵并没有完全遵循传统诗歌写作规则的修辞立场，恰恰相反，在运用文字排比、重夏的基础上，运用跨行连续(Enjambment)，打破了诗歌严格的韵律和诗句形式的束缚，充分显示了他在诗歌创作上的思想、形式方面的独特性。白灵吸收、借鉴了中国传统文化的精髓以及现代诗歌的韵律，拓展了语言风格，拓宽了艺术思想，在向民族、国家发问的同时也找到了需要集体回答问题的诗歌语言。本篇论文全面而又明确地阐释了白灵诗歌创作中所运用的所有诗歌写作策略，这些夏杂策略的完美融合，使得诗人和我们自己陷入了一种批评性意识，要求我们对所读、所写采取相应的"反应能力"(即使是真正的评论家)。白灵的作品隐喻结构夏杂，源于他经常在一个隐喻中嵌入多个寓言或其他修辞，形成一整套夏杂的形式。论文以概念隐喻为基本理论，分析、研究了隐喻在诗歌写作上的策略运用，重在研究白灵是如何利用文学隐喻对原始的概念隐喻进行突破、延伸、创新、丰富，同时创造出令人印象深刻的“陌生化”效果。

路寒袖摄影诗艺术美学研究

– 以《何时，爱恋到天涯》与《忘了，曾经去流浪》为例

Ⅰ. 绪论

台湾诗人路寒袖是台湾现代诗坛上一颗耀眼的明珠。其所创作诗歌及其所获奖项是大家有目共睹的。评论家肯定他为“重拾台湾歌谣的里程碑”、“台语文学的深度指标”等等。路寒袖的诗歌意境清新，语言平实简练，却反映出作者对文化、社会及人生的深刻思考，诗歌亦流露出他的人道主义关怀，激励人们积极向上。这两部摄影诗集中的诗歌作品与路寒袖的人生经验相契合，诗人将其对生活的憧憬，对社会的观察，以及对爱情的量，悉数表现在作品中。对路寒袖来说，诗的音乐性和影像是成诗的两大必不可少的要素。如何把诗人内在的、抽象的情感透过外在的、具象可感的事物表现出来，特别是从美学技巧上展现给读者，是作为诗人的路寒袖所一直秉承的创作理念。路寒袖的这两部摄影诗集，不仅仅是旅行摄影的观光诗，更是诗人的自我呈现。[1] 诗人秉持人道主义精神，以客观的立场，诚挚的态度，细腻的笔触及情景交融的图片，引起

了读者的共鸣。中国台湾以及大陆的一些学者已经对路寒袖的诗歌进行了广泛深入的研究，但这些研究大都是从文学的视角和观点来进行分析的，多为文学评论与文学批评。本文试以路寒袖的两部摄影诗集《何时，爱恋到天涯》与《忘了，曾经去流浪》为例，以现代语言学、美学、修辞学等学科的交叉点为研究突破口，用语言学与文艺学相结合的研究方法，从语法学和语义学角度切入，结合审美上的视觉艺术美，探究这两部诗歌的艺术功能和文化意蕴，对这两部诗歌进行细致深入地研究和分析。

我们之所以选择从语言学的角度来撰写这篇文章是有一定的道理的。近年来中外学界对认知语言学的研究与发展已经取得了显着成绩。Lakoff & Tunner(1989)的 More Than Cool Reason 将认知语言学基本原理运用到诗歌研究中，认知诗学由此创立。Fauconnier(1994)运用概念合成理论考察语篇意义的在线构建，认为每个话语片断甚至词都是某个情景的心理表征，话语的交流过程就是一个跟踪心理空间不断开放的过程。[2] 我们认为，把认知语言学研究提高到一个更高的层次来进行深入细致的研究是未来语言学研究发展的目标。这

1 2011年10月12日，路寒袖于台湾国立东华大学作了题为"《忘了，曾经去流浪》——谈旅行的摄影与诗的演讲。此为演讲时所说过的话。

2 转引自束定芳．近10年来国外认知语言学最新进展与发展趋势[J].外语研究，2012(1):36-44。

从近年研讨会的主题、议题中可以看出来。[3] 从这些研讨会的举行以及会议主题来看，认知语言学成了近年语言学研究的一大热点，而认知语言学与其他学科的融合研究正在并且以后也将会是语言学研究的一大热点。比如认知心理语言学已经并正在通过心理实验寻求意向图式的心理现实性证据，构建理解隐喻性语言的心理模型，建立语言习得模型等。

认知语言学理论之所以被众多语言学家所认可是有一定道理的。认知语言学的独特成就之一就是对潜藏于各种语言事实背后的系统性和普遍性认知的发现。认知语言学家致力于从最基本的人类认知系统和认知能力(如感知、注意、范畴化等)来研究语言结构(Nerlieh & Clarke, 2007:590)，从语言与普遍认知领域、认知能力的关系来分析和解释语言(Dirven 2005: 17)。[4] 认知语言学是一系列经历了相对独立发展过程的理论

3 比如2006年12月，"第一届国际认知语义学研讨会"在湖南师范大学举行。研讨会的中心议题是"认知语义学的理论与应用"。第二届国际认知语义学研讨会"于2008年3月在苏州大学举行。研讨会的中心议题为"认知语义学：理论与应用"。2010年7月，"第三届英国认知语言学大会"研讨了语言认知领域的评估与评价。同年9月，"概念结构、语言与语篇研讨会暨涉身与情景化的语言加工论坛"(Conceptual Structure, Language and Discourse Conference & Embodied and Situated Language Processing Workshop) 在加州大学圣迭戈分校认知科学系举行。会议的主要议题包括"语言理解和加工对于后継认知活动的影响研究"，以及"其他相关感知活动对后継语言理解和加工的影响"，"语言范畴对于认知尤其是文化认知的塑造"等。

和思想的集合，主要包括认知语法和认知语义两大部分。路寒袖的这两部诗集以游客的身份，文人的眼界，于异国他乡的所观，所感，所思，所悟，既是游记，亦是诗作。诗歌文字朴实地记录着每一个带给作者震撼的瞬间，而摄影则是用另一只眼记录下这个既陌生又熟悉的世界及社会百态。本论文主要从语言学的语法及语义两方面切入，结合文学审美上的视觉艺术美学理念对路寒袖的两部摄影诗集《何时，爱恋到天涯》与《忘了，曾经去流浪》进行深入细致地艺术美学分析。

Ⅱ. 路寒袖诗作的语法美学研究

文本是由语句构成的，按规则创造出来的意义的建筑体,这就强调了文本的整体性和结构性。修辞，本义上讲是指修饰言论，也就是在使用语言的过程中，利用多种语言手段以收到尽可能好的表达效果的一种语言活动。作为诗歌语言中的修辞，它是一种写作艺术，任何诗歌都离不开修辞。这种创作手法和技巧的运用能够将情感或哲理融于语言和形式，运用修辞把语言单位灵便组合，即使短小的诗句也会发出闪光的亮点。路寒袖的这两部摄影诗集所选取的诗歌，短小精悍，但

4 转引自张辉,周红英.认知语言学的新发展—认知社会语言学—兼评Kristiansen & Dirven (2008) 的《认知社会语言学》[J]. 外语学刊, 2010(3): 36-42。

结构充实，整体性很强，其一要归功于诗人在诗中巧妙使用的关联词语。诗人非常重视语法构式中的关联词语的使用及词语的固定搭配，并将之巧妙运用于诗歌创作，使诗歌更简洁易懂，使读者在阅读过程中能够更加有效地体会诗文的内涵；其二就是诗人对固有语言构式的灵活新用；其三是诗人选用不同句式来书情写意，使读者感受到韵律美，曲折美和跃动美；其四就是诗人在创作手法上使用的注意凸显(Evans &Green，2006:40-44)。[5] 路寒袖使用的这些灵活多变的语法结构形式打破了句式的呆板，显得生动活泼。他所选择的这些修辞技巧也增强了诗歌语言时空内涵的张力。

1）语体构式研究

构式是由一个或数个象征单位构成的。语言中的一切单位都是构式，它来源于生活体验和语言运用，具有单层性特点。所谓"构式"，就是人们对频繁出现的语言现象进行范畴化(或概括化、固化)后在心智中形成的形义配对体，代表着语言在人们心智中的表征形式。从词、词组、习语到句子都可以被看做是不同层次和夏杂程度的构式，这就决定了构式语法必然要从认知的角度探索语言。完全与认知语言学"现实-认知-语言"的基本原则相吻合。探索语言表达式背后的心智表征形式

5 转引自唐树华,田臻.认知语言学的两个承诺及其发展趋势[J]. 外语学刊,2012(3):62-66。

(即构式)，也为修辞的认知研究提供了新思路。认知语法观认为，语言的反复使用会加速新结构的固化，从而成为固定的、可接受的语言单位。也就是说，随着时间的流逝，有些新词由于与其相关的事物或现象的改变、消失而随之消亡，退出了语言的历史舞台。相反，那些由于与其相关的事物或现象逐渐被人们所熟悉，或由于其使用频率高而逐渐融入基本词汇，在人们心中形成了词语的表征形式。路寒袖就在他的诗集《何时，爱恋到天涯》中运用了已经在人们心中固化了的构式"天涯海角"和"海誓山盟"

1) 序诗[6]

……

当多余的不安到站后
妳是否察觉
其实，天涯是妳的心
而我是一直在旁边
守候的海角

2) 米兰[7]

多么渴望和妳

6 路寒袖.《何时，爱恋到天涯》[M]. 新北：远景出版事业有限公司. 2009: 11。

7 同脚注6,57。

在天涯一角的小小餐馆
共进一顿爱的午餐
而那里，即使
花也不认识我们

3）米兰[8]
座位已经订好
天涯坐一边
海角坐一边
阳光为我们的进餐
掌灯

4）威尼斯[9]
多么渴望
我们就这样被世界
遗弃在这
天之涯的海之角

5）佛罗伦萨[10]
不用替我担心
在天涯的一角

8 同脚注6,90。
9 同脚注6,149。
10 同脚注6,188。

我仍可种植

郁郁葱葱的相思

为生

在《何时，爱恋到天涯》这本诗集中，除诗集题目出现“天涯”一词外，上面五篇诗文都用到了“天涯”、“海角”这两个词。“天涯海角”这一集亲情、友情、爱情等多种情绪感受于一体的词汇，千百年来积淀下丰富的文化内涵，在中国人心中植下了深深的“天涯情结”[11]。比如古典诗词中常出现的语句：“海上生明月，天涯共此时”，“海内存知己，天涯若比邻”、“同是天涯沦落人，相逢何必曾相识”，已广为大众所熟知和运用。一些现代歌曲，如“天涯呀海角觅知音，小妹妹唱歌郎奏琴，郎呀，咱们俩是一条心”、“希望你能爱我到地老到天荒，希望你能陪我到海角到天涯”等，因为反映了深厚爱情而广为传唱。用这样一个广为人知而且被频繁使用的词汇来写诗，要想在诗文中有所创新和突破，就必须要在诗中增加亮点，还必须有灵感性的语词和技巧融入到诗句中。所以诗人运用了诗歌创作中最为常见的比喻和拟人的修辞表达，在《序诗》中将“天涯”比

11 “海角天涯”这两个词最初见于有据可考的南朝陈·徐陵《武皇帝作相时与岭南酋豪书》：“天涯藐藐，地角悠悠了，阴谋诡计面无由，但以情企。”唐·韩愈《祭十二郎文》：“一在天之涯，一在地之角。”宋·张世南《游宦记闻·卷六》：“今之远宦及远服贾者，皆曰天涯海角。”后人引用“天涯海角”来比喻极其遥远的地方。

作“妳的心”，而“我”则是守候你的“海角”；《米兰》中作者又将“阳光”喻成进餐时调节气氛的照明灯具。这种语言构架起来的空间性思维立刻在读者的脑海中展现出一副唯美景象；在《佛罗伦萨》中，诗人以代表相隔遥远无法相见的“天涯”一词，表达了对恋人那种相思之情。诗人用这种修辞技巧增强了诗歌语言的时空内涵的张力，既让我们看见了一个因距离遥远不能相见而对远在天边的恋人的苦苦的思念，又让我们感受到了一对恋人不堪周遭压力想要独处营造属于自己的浪漫的热切愿望。这两种情况都使我们不得不为之慨叹。再如《佛罗伦萨》[12]：

> 如果爱情
> 都需以珠宝铭记
> 那我低头细语的
> 山盟，就是妳独有的戒指
> 而海誓，则是最亮丽的项链

成语“山盟海誓”出自元代无名氏的『碧桃花』第三折：“他将山盟海誓言，向罗帏锦帐眠。”诗人将“山盟海誓”这一成语拆开，在旧的窠臼中建筑了新景观，所有新的景观都试图构筑新的爱情风貌。在诗人的观念中，任何一枚戒指，都抵不过一颗诚

12 脚注6,182。

挚的心，任何有价值的珠宝，都比不上人间无价的真情。这首诗既表达的诗人的爱情观，又从侧面抨击了现代社会将物质凌驾于爱情之上的一种现象。诗人将“山盟”比喻成“戒指”，“海誓”比喻成“项链”，虽主题陈旧却历久弥新。

上文所选取的这几首诗的用词虽然浅白，但整体感观上格调清新，词语动听，情感感人。让人读来有一种独特的因素和情怀游离在词句之间。诗人不枉读者期待，旧故事赋予新的意义，也因为我们相信“旧的誓言”经得起考验。不论“天涯海角”亦或是“山盟海誓”，诗人虽延用陈旧的爱情用语，老套的爱情公式，却并没有让读者感到乏味。

除此之外，路寒袖还重视语法构式中关联词语的使用及词语的固定搭配，并将之巧妙运用于诗歌创作，使诗歌更简洁易懂，使读者在阅读过程中能够更加有效地体会诗文的内涵。例如：《忘了，曾经去流浪》[13]：

不管什么样的形体
都无法掩饰我炽烈的心
从内里透露出的渴望
是城市最亮的风景[14]
只要站到窗口，

13 路寒袖.《忘了，曾经去流浪》[M]. 新北：远景出版事业有限公司. 2008:4。

14 同脚注13,25。

天空就这么容易触及
而你是否看到
我鲜红欲滴的心意？[15]
对你
虽然永难企及
但我仍奋力挤探自己
只为多看你一眼
而你洁白的身影
即使已是白昼天明
依然悬念天际
不忍离去[16]

再如《何时，爱恋到天涯》：
就算读报枯等
也有无限的甜蜜
反正，我已准备好了
妳什么时候来
我的情
就什么时候发动[17]
即便异质的爱

15 同脚注13,26。

16 同脚注13,56。

17 路寒袖.《何时，爱恋到天涯》[M]. 新北：远景出版事业有限公司. 2009: 114。

是那么的庞大荒圮
但我仍会挺身前行
并且深信
转个弯就可遇见妳[18]

临窗伫立
因为想妳
所以我全身
洒满阳光的色彩[19]

诗歌中大量运用了关联词语"即使…也(依然)…"、"如果…就…"、"只要…就…"、"虽然…但…"、"不管…都…"、"因为…所以…"，而且都是日常口语中使用频率较高，简单易懂的词语，这种关联词语的运用手法既加强了读者阅读时的感情深度，也更加突出了作者想要强调的内容。如果把诗歌中的这些关联词语去掉，那么诗文就缺少了情感的变量，穿梭在字里行间含蓄地抒发作者的无限情感的因素也就不复存在了。诗文中关联词语的运用不仅能够让诗文清新，一目了然，亦能够在语法构式上形成对比、反衬、排比等修辞作用，"即小见大"，使诗文寓意得到更好地体现，给读者带来别样的震撼。

18 同脚注17,44。

19 同脚注17,262。

除关联词语的使用外，诗人还在诗歌中大量使用反问句、设问句、祈使句、“被”字句、“把”字句、假设条件句、选择疑问句等句式。一本诗集，如果从头到尾都是一种句式，一个腔调，难免会使人觉得枯燥乏味，味同嚼蜡。好的诗文要追求句式的变化多端，才可以使人感受到韵律美，曲折美，跃动美。诗文结构形式需要“变”。有了变化，就可以打破句式的呆板，诗文就会显得生动活泼。一般来说，短句简洁明快，独词句鲜明突出，感叹句便于抒情，反问句加强语气，设问句引人深思，对偶句铿锵凝练，排比句气势磅礴，反复句则余韵悠然。如果在诗文中能灵活运用多种句式，诗歌就会大放异彩。如《忘了，曾经去流浪》：

到底是哪一部翻译小说的场景？
慵懒的啤酒，以及
无聊的夜色[20]

模糊的身影
匆促的步履
狐疑的眼神
漫长的人生旅途

20 路寒袖.《忘了，曾经去流浪》[M]. 新北：远景出版事业有限公司. 2008: 31。

要换穿多少件衣服？[21]

面对面？
是跟我
还是跟墙上的作品？
面对面！
脸就红成这样子了[22]

这是时间的瓶中书
每一瓶都有一个开关
每一个开关
都有一个密码[23]

把乌云拨开
阳光就撒了下来
把头抬起
力量就会降临我心[24]

向天空开一扇大门
让白云飘过

21 同脚注20,33。
22 同脚注20,76。
23 同脚注20,130。
24 同脚注20,125。

让流水穿过
让你我的烦恼了无遮拦[25]

请不要一身喜气的
在我背后嬉笑嘲讽
请让我孤独的面对寂寞[26]

(注21)诗文综合运用了排比，反诘的修辞手法，使句式整齐，节奏鲜明，音韵和谐，把作者立足于都市，于都市生活中的那种“无奈”与“疲惫”的感情淋漓尽致地表达了出来。(注20)与(注22)诗句第一行运用了设问句式，一下子就把读者的好奇心提了起来，同时又使读者不得不思考这个问题“哪一个场景？”“谁跟谁面对面？”接着作者又引导读者往下文寻找答案。就此我们可知作者是在“深夜”里喝着“啤酒”来打发无聊的时光。作家以近乎自问自答的方式形成了“应和”的歌吟效果。这种主句和从句间近似一种“问答”关系的设问句式的运用，增强了作者与读者之间的互动。(注23)作者用了顶真(又称联珠、蝉联、连环)修辞手法，使句子结构整齐，语气贯通，环环相扣。用顶真修辞手法来表达回环夏沓的思想感情，能够增强诗文的节奏感，而且能反映事物间环环相扣的有机联系。给人以准确、

25 同脚注20,170。

26 同脚注20,70。

严谨、周密的印象，使读者读起来感觉格调清新，条理清晰。(注24)与(注25)诗人以密集性的重复让诗文产生强烈的抒情效果，句式的长短不一，意象的变换呈现，对照和相似之间的情感张力将作家的诗性情怀烘托成"富有旋律的激流"。读来如沐春风，如浴夏雨，诗中排比、对偶修辞手法的运用，使句式工整而富有变化，使得文章气韵流畅，音韵铿锵，错落有致。(注26)诗人运用表示请求的祈使句，要求(或请求、命令、劝告、建议)别人不要以幸灾乐祸的心态来对待"自己"，不如"漠然待之"，给"我"一点空间来释放自己。这两个祈使句的应用，形成了鲜明的对比，以别人的"一身喜气"反衬我的"孤独"，以他人的"嬉笑嘲讽"反衬我的"寂寞"。两个短小的祈使句成就了诗人内心澎湃的复杂描写，可谓是句式精炼，用语恰当，含义深刻的典范。类似这种祈使句式的应用也频繁出现在诗人的另一部摄影诗集《何时，爱恋到天涯》中，比如

嘘——
请小声一点
我正拥抱着死亡
倾诉[27]

27 路寒袖.《何时，爱恋到天涯》[M]. 新北：远景出版事业有限公司. 2009: 76。

诗人把我们从小就习以为常的词语“嘘”拿出来，放在诗文的第一行，既是禁止类最简洁最通俗易懂的词汇，又是一个能把我们拽入以食指封口让人噤声的画面的祈使语，形象生动，赋予诗文以生命，写活了诗文。其后又紧跟着另一个祈使句“请小声一点”，作为“嘘”字的补充说明，引出“噤声”请求的原因，也是整篇诗文所要表达的中心——“我正拥抱着死亡倾诉”。整篇诗文结构整齐干练，让人读起来既亲切又陌生。说它亲切，是因为诗人所选用的祈使句式是为我们大家所熟知并经常使用的，说它陌生是因为诗人所描述的是一种抽象的情感表达，如果不结合图片，没有很好的理解诗人所要表达的主题思想的话，对读者来说是陌生的。在《忘了，曾经去流浪》诗集中大量使用的排比、比喻、反复等修辞技巧，也同样被用在了诗集《何时，爱恋到天涯》中。比如

> 我们是白色蕾丝窗帘
> 我们是绿色小小盆栽
> 紧紧地倚在一起
> 紧紧地靠在一起
> 然后
> 把世界关在外面[28]

---

28 同脚注27,238。

短短六行，诗人却同时使用了对偶、排比、比喻的修辞手法。这种用字数相等、结构相似的对称语句不仅加强了语言效果，而且又使诗歌形式上看起来整齐醒目，听起来铿锵悦耳，读起来琅琅上口。诗文在最后两句用了“然后”这一承接连词，给我们展现出另一种情况——“把世界关在外面”。将世外的喧哗与烦躁隔离开来，给读者营造出一片静谧的空间。这两组各自近似的意象之间又构成明显对立。在整体上，两个重夏句式与“把”字句间存在着从具象到抽象的意义上升，汇同近乎自白的语调变化共同造成了语言的流动和“新颖”。使诗人的“情”与眼前的“景”交融在一起，展现在读者面前。再比如下面这首诗：

如果面具是假的
那就脱下它
如果面具底下的
面容是假的
那就漠视它
如果面容底下的
心是假的
那么，我们
就妆扮成情侣
在路边贩卖爱情[29]

诗文以三个“如果”假设条件句引领全文，同时又采用顶真的修辞手法，使句子环环相扣，增强了诗文的节奏感。诗文后半部分以连词“那么”承接上文假设条件句所假设的“事件”程度，引出下文的结果“妆扮成情侣/在路边贩卖爱情”。这首诗反映了诗人对待爱情的乐观、豁达的态度。大概没有爱情的我们，至少可以给别人以爱情的希望罢。人生总不归是这样，谁都是谁的过客罢了。只要以积极乐观的心态对待生活，对待爱情，总会有收获的那一刻。

从以上诗文我们不难看出，诗人路寒袖的这两部诗歌大量运用了关联词语。赋、比、兴、顶真等语法修辞手段的使用，使语言清丽朴素，形象生动，意境优美，用词准确，而且诗人善于运用不同句式，不仅在形式上增添了语言的韵律美，而且在内容上更丰富了语言的涵义，一箭双雕，丰满了作品的艺术形象，令人读之爱不释手。

2) 凸显观的具体表现

凸显观源于心理学的图形背景理论，是以凸显性原则为基础的一种理论，该理论认为图形——背景分离原则不仅仅是空间组织的一个基本认知原则，也是语言组织概念内容的一个基本认知原则。图形应该具有这样一个或几个使它们凸显

29 同脚注27,82。

的特点：它将被看作自身状态中一个自包的图形，具有的清晰边缘使该事物有别于背景；它的推进与静态的背景有一定的关联；它将在时间或空间上向背景推进；它将成为已消逝的或变为图形的背景的一部分，它将比其余部分更具体、更聚焦、更明亮、更有吸引力。这在文学上的创作手法就是以语境铺设来凸显创作主题。拿诗歌来说，诗歌需要表现性的艺术语言符号，但是光有这样的语言并不等于诗，它们只是构成诗的材料，还必须组成一定的结构，进入一个有机系统。孤零零的一个词毫无意义，说明不了什么，只有进入一种结构和系统，才能意味无穷，发挥神奇的效能。这种结构和系统，就是语境。所谓语境，就是一首诗的全部语言符号的组成。既包括一首诗词句展开所形成的词与词关系的"横组合"(上下文、前后语等)，又包括词语形成过程中受到时代、社会、历史、文化、习俗等影响所留遗迹的"纵聚合"(语义的审美和历史积淀)。正是这纵横网络，构成了一首诗的独特语境。从而达到凸显主题，凸显作者想要表达的意向的效果。认知语言学认为，不同的语言表达方式也能将注意力引向特定的场景，使语言编码的中心发生改变。下面我们就讨论一下凸显观在诗人路寒袖的这两部诗歌中的具体表现手法。以《何时，爱恋到天涯》为例：

米兰

黄色的田野
蓝色的穹天
中间峰峰相连的山峦
是我对妳绵延不绝的思念[30]

威尼斯

窄窄的巷子
长长的思念
妳的背影在前
我的惆怅满天[31]

佛罗伦萨

我走在清晨
翠绿的阴影里
每一片的叶子都在询问
为何妳不在身边？

30 路寒袖.《何时，爱恋到天涯》[M]. 新北：远景出版事业有限公司. 2009: 92。

31 同脚注30,55。

而，所有的椅子
都空在那里
等妳[32]

奥维亚托

天空无限寂静
我的心彷徨得
一如盘旋的老鹰
在时间的隙缝穿梭
窥视妳淡淡的身影[33]

《米兰》篇，诗文开篇就进行了背景的建立，下面是黄色的田野，上面是蓝色的穹天，中间是连绵的山峦，最后的点睛之笔就是诗人所要凸显表达出来的深意——思念。诗人铺设的语境是由上而下的天地，天与地永远不会交集，但诗人又以“峰峰相连的山峦”来比喻“我”对“你”的思念从未曾停歇，静态的背景与波澜壮阔的心理活动形成了强烈的对比，以“峰峰相连”对应“绵延不绝”更加凸显了“我”对你思念的缠绵之情。诗人把他的感知、音调和思想的基本模式的水印传入他诗写的笔触和质地，也就是脑力和体力把经验的意义纳入形式的辖区之

32 同脚注30,170。

33 同脚注30,202。

内的整个创造性的努力成果。再看诗篇『威尼斯』，诗人采用了虚实相结合的写作手法，以实体背景“窄窄的巷子”来烘托虚体“长长的思念”，以实体“背影”来凸显虚体“惆怅”。一实一虚，一个具体，一个抽象。这就使得读者在阅读过程中产生一种心理认知：在一条又窄又长的幽深的巷子里走着一名女子，男子只能远远地跟在后面，痴痴望着女子的背影，思念、无奈、惆怅之情油然而生。诗人使读者将视角从实体向虚体转移，图形转向虚拟的形象，而背景再次拓展，纵深至无限之远。诗篇『奥维亚托』的写作手法亦如此，以“天空”的“寂静”与“心”的“彷徨”相映衬，凸显出“我”内心的彷徨不安，与对你深远悠长的思念之情。由此读者脑中会生成这样一幅认知画面：在空间背景“寂静的天空”中，“彷徨的心”有如一只“盘旋”、“穿梭”的“老鹰”，自上而下向下“窥视”着“妳淡淡的身影”。这种对比反衬的写作手法，加之“无限寂静的天空”的语境的铺垫，展现了语言的深层认知模式，以“寂静”烘托出“我”繁杂的心理活动，“彷徨”恰恰就是这种心理活动的刻画，一静一动，揭示了不同事物间的深层联系，反映了种种隐晦的思想感情。自上而下向下“窥视”着“妳淡淡的身影”，说明“我”离你太远，而且只能“窥视”，不能靠近。作者的这种用词与空间性的描述，从一种崭新的角度启迪了人们对诗句产生新的认识，建立新的认知，从而更准确有力地把握诗文的思想内涵。而诗文『佛罗伦萨』则运用设问句式“为何妳不在身边？”这种语言表达方式，将读者的注意力引过来，体现出“我”对“你”深深的思念之情，尽管诗义中并没有“思念”、“想念”、“爱恋”等字眼。而诗文中的“椅子”“都空在那里”“等妳”更反衬出“我”的寂寞及对“你”的思念之情。“清晨”、“翠绿的阴影”、“每一片的叶子”、“椅子”都是空间化的静态描写，一个“等”字则更加凸显了“我”的寂寥与想念。“翠绿的阴影”和“空在那里的椅子”则给诗歌增添了积极的浪漫主义色彩。让读者的大脑围绕一个词或一个意象的最初激动逐渐清晰显现的手段，恐怕是路寒袖诗歌写作中的一个成功的技巧吧。我们再来看看路寒袖的《忘了，曾经去流浪》。

哥本哈根

侧身混浊的世界
我以绝对的颜色面对
愈黑就愈映照出
我净洁的身姿[34]

阿姆斯特丹

五光十色的灯光
映照五花十色人

34 路寒袖.《忘了，曾经去流浪》[M]. 新北：远景出版事业有限公司. 2009: 153。

只有我
是一片黑色的影子
偷偷地夹在熙攘的人群中[35]

这两首诗是诗人游历丹麦的两大城市哥本哈根和阿姆斯特丹所写。第一首是诗人在哥本哈根参观未来城的蛇形住宅区返回途中，在港口拍得的一艘船连同它倒映在水中的倒影，回来后以此诗配图。有人说它很像一首政治诗，路寒袖也表示了默认："如果说这是一首政治诗的话，'愈黑就愈映照出/我净洁的身姿'实际上是要求搞政治的人应当洁身自爱。"诗文中的"浑浊"与"绝对的颜色"相呼应，"黑"与"洁净"形成了对比鲜明的反衬效果，凸出了"我"的"洁净"。第二首诗是诗人行走在阿姆斯特丹的红灯区时的感受。诗人给读者展现的认知背景是绚烂多彩的夜生活——于"五光十色的灯光"下尽情享受着的"五花十色人"，在这丰富多彩的夜生活环境下，"我"彷佛是局外人，灵魂出窍，飘出躯壳，成为了"一片黑色的影子"，"偷偷地夹在熙攘的人群中"。这种孤立于喧哗之外的情景，其实我们大多数人都有过类似的体会。只不过没有说出来而已。路寒袖却将他当时的这种灵魂游离于躯壳之外，瞬间所产生的这种意象用文字记录了下来。"五光十色"和"五花十色"与"黑

35 同脚注34，29。

色"和"偷偷"相呼应，反衬出我的格格不入，而"偷偷"地"夹"在"熙攘"的人羣中更凸显了这种心理认知背景。在熙攘的流动的人羣中，又有谁注意到"我"的"寂寞"和孤独呢？诗人正是用这种对比手法凸显出"我"与众不同的生活方式与个性，展示出"我"有别于一般人的精神境界。此时此刻的"我"已经不再是我了，而只是"一片影子"。简单几个词的对比与比喻就把诗人内在的抽象情感，具象出来，引起了读者的共鸣。这种写作技巧，或者说修辞手段，就是是认知加工的结果。也就是说，辞格形成于具体的语言环境和表达应用中。这种由认知主体通过推理将一个概念域(喻源域)的特征映射(map或者project)到另一个概念域(目标域)，从而使另一个概念域(目标域)获得某些相关的特征，在映射的过程中产生隐喻义的写作修辞手法就是"隐喻"(Fauconnier & Turner,1994)[36]5。而这也就是我们下文所要论述的认知语义学的理论之一。

Ⅲ. 路寒袖诗作的语言艺术美学研究

路寒袖在诗文中常以露水、花、梦、风、雨、云、流水、船只这些看似虚无流动的意象，连结土地、山峦、海岸、灯光、日月，去落

36 束定芳. 近10年来国外认知语言学最新进展与发展趋势[J]. 外语研究, 2012(1):36-44。

实永不止息的爱与希望。路寒袖所使用的云、阳光、风、水等词汇都属于意蕴悠长的意象，他写的诗可以说是意象词汇的聚合，借助于想象力，弥合叙事抒情的跳跃和中断。诗文词汇间形成模拟性的联想关系，从整体上构成了一种优美的情意空间，沟通着人生的深意。从意象的隐喻功能看，这些意象都有着或深或浅的意义寄托和转化。意象在一次次隐喻中得以“换义”，凝聚为理想中的人生梦境。借助意象的隐喻，诗化语言又一次“洞见”了人生的本义。隐喻使得意象突破物象表征沟通意义深层，成为“隐喻的存在”，意味着诗歌空间的无限性拓展。而自然物象又是意象的基础，如“窗、月、云、阳光”等“实体性”意象构成了意象序列的主体。而有些意象则属于某种非实体情绪或意味的“心理”意象。韦勒克、沃伦6[37]指出，意象“‘可以是视觉的，可以是听觉的’，或者‘可以完全是心理上的’”。意象总会依托具象，从有限走向无限，在感性世界中启示生存的自由体验。也就是说，意象不仅是诗歌形式结构的组成部分，更是一种进入意义深层的“通道”，是一种自我化、心灵化的抒情表现。可以说，研究诗人路寒袖的诗歌，不能不从诗人所运用的隐喻手法及诗人精心挑选的词汇所营造的意象两方面去研究。

37 韦勒克·沃伦.《文学原理》[M]. 南京:江苏教育出版社，2005:213。

1）隐喻研究

隐喻产生于认知，是人类认知的重要组成部分，又是认知的结果，同时又促进了认知的发展。Lakoff & Johnson (1980:5)认为隐喻的本质是通过一类事物来理解和经历另一类事物的方式，是人类在感知体验的基础上，用具体的、已知的、熟悉的事物来理解抽象的、未知的、不熟悉的事物。是"我们对抽象范畴进行概念化的有力的认知工具(Ungerer & Smith, 1996:114)"，"是理解人类认知能力的惟一方法，也是解决语言理解和语言习得中的困难所不可缺少的工具(Mey,1993:301)[38]7"。中国大陆学者陈汝东[39]8认为隐喻的功能主要有：(1)可使所描写的事物更加具体、形象。阐释的道理更加清晰、明确；(2)可体现说话人的态度、情感；(3)还可以调节话语的风格，可使话语或风趣或幽默或轻松活泼；(4)比喻可扩展话语，增加话语的感染力。哈罗德·布鲁姆在《读诗的艺术》中，认为诗本质上是比喻性的语言。刘易斯说，隐喻是诗歌的生命原则。庞德认为意象是"思想与情感在瞬间的复合体。"屈承熹先生(2008)说"修辞是让语法更为扎实的必由之路"。既然众多大家都高度评价了隐喻在文学创作中的重要作用和用途，那我们就具体来研究一下路寒袖是如何将隐喻这一认知思维方式灵活运

38 转引自魏在江．隐喻的语篇功能——兼论语篇分析与认知语言学的界面研究[J]．外语教学，2006(5):10-15。

39 陈汝东．《认知修辞学》[M]．广州:广东教育出版社．2001:457-459。

用于其诗作当中的。

诗人惯常以诗歌来抒发自己对世界多元状态的深悟与哲思，路寒袖也不例外。他的诗注重主观感情的直接抒发，注重语言的浅白清丽，在自然晓畅中给人以朴素的美。这两部摄影诗集里面的作品是诗人游历途中所拍摄，一些照片是诗人坐在高速行驶的大巴上透过车窗拍得的。是诗人对周遭景象的阅读心理和审美视觉的展现，也是诗人的文学、文化、生命之旅。那么如何把诗人内心抽象的体会和感受毫无保留地展现给读者呢？那就是对隐喻的诠释与运用。当隐喻所包含的主体心理经验投射到意象当中时，就使这个词语有了无限的象征意义，并且拓展了它的审美空间与信息空间，传达了具有深层意味的、具有暗示特征的心理空间。在路寒袖的诗文中，具有隐喻、象征意味的意象比比皆是，如在《忘了，曾经去流浪》中，反复出现了“窗”，同时也包括与窗相关的一些词汇，如“窗口”、“窗台”。这些词汇跟诗人的心理意象交织在一起，构成了诗人的感情、处境、命运的象征和隐喻。作为一种实体，“窗”具有包容性、遮蔽性、内部与外界联系的一种媒介，它带给人们的是一种神秘感、安全感。“窗”作为一种隐喻象征物，暗示着人与自然，与社会，与外界沟通的桥梁，也象征着诗人倾述情怀的一种媒介。可以说，“窗”是浸染着主体情感的“实景”或“视觉表象”。如《忘了，曾经去流浪》：

彷佛是发光的方糖
弥漫着香醇的牛奶味
后面都是
一个甜蜜的家[40]

纵观全文，没有一处写有"窗"这个字眼儿，但整篇诗文描写的就是透过"窗"——每所房子所必须具备的设施——所"看见"的窗后面的甜蜜与温馨。据诗人自己讲称，为这首诗配的这幅图片是诗人最满意的一张。诗人将窗比喻成"方糖"是有他的用意的。作者念高中的时候第一次认识了方糖，方才知晓，原来还有这样一种晶莹剔透，颗粒细小，如粉末状却又形状成方的糖。当时作者喝着这种伴着"神奇"方糖的奶粉，感觉又甜蜜又温馨。所以当作者给这张照片(在路边偶然看见公寓楼伸出来的阳台上一扇扇方形的窗子闪耀在早晨初升的太阳光下的时候所拍摄)配诗的时候，就勾起了诗人学生时代对方糖的回忆。之所以作者写"弥漫着香醇的牛奶味"，那是因为作者高中学生时代的早餐都是用糖冲成的奶粉。而一扇扇窗子的后面，又是一个个的家庭，给人的感觉温馨而甜蜜，一如当初的方糖冲成的奶粉给作者留下的感觉一样。除了这个写作背景外，在早晨阳光的照射下闪闪发光的窗子，的确像作者

40 路寒袖.《忘了，曾经去流浪》[M]. 新北:远景出版事业有限公司，2009:68。

所说的方糖一样晶莹，所以作者在这里用了一个隐喻词“方糖”。既象征了诗人的情感以及学生时代的处境，本体“窗”又成为了诗人向读者倾述情怀的媒介，是侵染了诗人情感的实景和视觉表象。类似的诗文再如：

同一方向的窗
虽有不同的想望
却都期盼着情人的光[41]

作者表面上写的是“窗”这个物质实体，却在后面用了“想望”与“期盼”这两个描写人物心理的词汇。这种手法既是拟人，又是一种隐喻的使用。诗文里的“窗”作为人与社会间的媒介，喻指着人与社会的沟通性。具有主动与被动两种方式：人们透过窗子观察外界，了解社会，而“窗”对屋子里的人又起到了保护作用，具有隐蔽性。所以诗人通过“窗”这一实体暗指“窗”后掩藏着的对爱情的期盼与向往的人们。试问，生活在都市里的人，无论上班还是下班，又有谁不是渴望自己的爱人透过窗子目送/迎接自己，又有谁不希望窗子后面的爱人心心念念想着自己呢？读者阅读这首诗的时候，很容易的就联想到自己，给人以身临其境的感觉，从而成功地唤起了读者普遍

41 同脚注40,227。

而永恒的情感体验。

除了“窗”之外，“阳光”一词也多次出现在这本诗集中。“阳1光”代表的是一种积极向上的心理意象，当诗人的感情、处境、命运遇到困难、挫折的时候，作为一种精神支柱，“阳光”发挥着激励、鞭策的象征作用。正因为“阳光”具有指导性、包容性和启示性，所以它带给人们的是一种希望、力量和自信。“阳光”作为一种隐喻象征，暗示着它对于人的感情、处境与命运起着一种激励与指引的作用。

吾友，这城市太过巨大
把我们的快乐压得
喘不过气来
唯有到这露台
才敢将心事
摊在阳光下曝晒[42]

这其实是一首都市诗，描写的也是都市生活中大家所熟悉的场所“露台”。在这个快节奏的现代化城市中工作生活，压力随处不在。每天都蜷缩在一尺见方的工作台上，埋头苦干，每天对着计算机、电话，除了工作还是工作，神经紧绷，几乎没有属于自己的时间与空间。也就只有楼上的露台，人们可以

42 同脚注40,97。

利用吃饭时间或者休息时间来呼吸一下自由的空气，晒晒太阳，放松一下自己。作者没有直接说出人们心中的压抑，而是用隐喻手法把这种压力与压抑感写成“把快乐压得喘不过气来”，给读者一种动感的意象——“快乐缺氧，呼吸困难”。而阳台则顺理成章的成为了这些人暂时缓解压力的场所。“阳光”便成了可以“曝晒心事”，缓解压力的工具。因为隐喻具有快捷、简洁、生动的认知性质,它的修辞性能使得信息结构更有意义,更宽泛，更具有独特性。所以诗人在这里使用了隐喻手法，一方面使隐喻创造的形象完整一致，使隐喻产生的意境和谐自然，另一方面，使语篇结构严整，浑然一体。再比如：

> 里面漆黑一片
> 所以，我把门打开
> 引进阳光治疗
> 我的悲伤[43]

这首诗从整体结构上看是一首“因果诗”。正因为里面黑，所以才开门。之所以开门，是为了让阳光照进来。让阳光照进来的目的只有一个——治疗悲伤。我们知道，隐喻在语篇连贯机制中起的是一种纽带作用,制约着整个语篇信息的发展。诗文以隐喻贯穿语篇始终,形成一个核心隐喻,支配若干由隐喻

43 同脚注40,99。

或由一个中心意象引申出若干相关的次要意象。“阳光”是能够给人以力量和信心，给人以激励和鼓舞的一种正能量意象。正是这个正能量意象“阳光”形成了诗文的核心隐喻，支配着与它相关的次要意象“门”、“黑”。要理解诗人内心真正想要表达的思想感情，就需要读者内在的起作用的认知操作(cognitive operation)，将诗人所提供给我们的一系列与语境相适应的不明晰的意义明朗化，弄清楚映现关系是如何建立的。想要找出诗人和读者之间的交际效果则取决于诗人所实施的与语境相互关联的认知操作。房间黑暗的话，就要开门开窗开灯，让所有能驱走黑暗的光线进来。这是众所周知的生活经验。可是诗人在这里并不是指真正的阳光，而是象征着力量、信心、勇气、激励等等的意象阳光。理解阳光的意象和象征意义，就理解了次要意象，“门”乃是心门，内心世界，“漆黑一片”则是对诗人内心的落寞，失望，悲伤等等的心理状态的描述。正像刘易斯所说的，隐喻是诗歌的生命原则。路寒袖以隐喻赋予了这首诗歌以活的生命。而他所使用的意象则是“思想与情感在瞬间的复合体。”

除了“窗”与“阳光”之外，我们发现诗人所惯用的另一个意象是“船”(包括与船相关的一些词汇)。“船”作为隐喻表达的一种手段出现在诗歌中并不稀奇，我们常常以“船”来喻指学业、事业、人生与爱情。路寒袖在其诗歌文集中就大量使用了隐喻爱情的“船”。比如

穿越庞然的流言拱桥
我们的双人小舟
富丽堂皇的在阳光中
悠游前行[44]

纵观这首四行诗，其主题思想就是"小舟前行"。如果去掉多余的修饰语，就会在读者脑中呈现出这样一幅画面：太阳暖暖的照着，跨江而建的拱桥下，一对情侣正乘船前行。但读者仔细研读就会发现这是一首描写不伦之恋的诗文，只是诗人以隐喻手法将之很好的藏匿起来了。对于不伦之恋，诗人的态度是鼓励而又欣赏的积极态度，所以诗人用了"富丽堂皇"以及"悠然"这两个词语。意既：即便可能面临舆论的批评，只要拥有如死般坚强的爱的意志和勇气，我们就会一直走下去，直至生命的尽头。诗中暗藏着百转千回的情爱甜蜜与沧桑，缠绵着纯粹的爱情心志。"小舟"不单单喻指承载着人的交通工具，亦隐含着承载人生，承载爱情的意象。这是诗人创造出来的具有创新性，富有表达力并且出乎人们意料之外的隐喻表达方式。根据Gibbs(1994)[45]的研究，隐喻在日常语言(speech)、文学、诗歌和科学专着中都是普遍存在的。可以说，所有隐喻都是有理据的，隐喻普遍存在于全世界的文化和语言之中。而

44 同脚注40,148。

45 沈家煊.《句法的象似性问题》[J]. 外语教学与研究，1993(1):2-8。

如何恰如其分地将隐喻成功地运用到文学创作中，则不能不说是文人一生所为之奋斗的一个目标。

德国阐释学家伽达默尔提出了“对话”理论，认为文学作品的意义的产生取于读者与文本的无限对话。波兰现象学家罗曼·英伽登则认为，文学文本因其语言媒介本身所具有的模糊性、不确定性，也即作品的隐喻意义，必须由读者的阅读、体验才能被揭示，被“填空”，使文学文本最终得以完成。[46] 那么如何才能唤起读者普遍而永恒的体验，使读者在阅读过程中有身临其境的感觉，就要看诗人的文学功底、语言技巧及审美艺术了。这也是我们下面所要论述的内容。

2) 用词研究

乔姆斯基(Chomsky)的“转换生成语法”(Transformational Generative Grammar，简称TG)理论认为，言语的生成是一个从“深层结构“转换到“表层结构”的过程。所谓深层结构就是说话者个人的语言能力，说话者正是靠了这种能力而说出一些他人从未听到过的句子。[47] 在乔姆斯基看来，一位作家在语言运用上的创造性取决于他的语言能力，独出心裁的句子决

46 [美]詹姆斯·费伦.《作为修辞的叙事》[M]. 陈永国译. 北京：北京大学出版社，2002:111。

47 Noam Chomsky.Syntactic Structures[M]. Walter de Gruyter, Inc., 2003:57。

非只是向其他作家模仿的结果。通读路寒袖的这两部诗歌文集，我们不难感受到诗人在酝酿诗文的时候对词语的字斟句酌以及反复推敲的雕琢过程。路寒袖对词语运用的创造性体现在词语的变异与使用错位上。变异和错位是文学语言常见的一种传达手段。诗人尝试对词语加以违反常规的使用，使语用错位，使原有语义变形、扩张，把逻辑不相干，甚至对立的词语连结在一起，使之相互作用、碰撞，在相互碰撞的不协调中产生审美效果。下面我们就列举一些路寒袖诗歌中词语的超常搭配，词性转换，旧词新义等几种类型来探讨。例如《忘了，曾经去流浪》：

路过德国

性好自由的云
集结港口，鼓胀着脸
批判纯理性的康德
紧跟着，雨
会以迅雷不及掩耳的速度
前来清洗愤怒的情绪
……
全世界的书乘着贸易的风
张开各种尺寸的翅膀
飞来这里通婚、交配、繁殖

因为此地是

最适合书籍过冬的国度[48]

诗文题目是《路过德国》，我们知道，德国是世界图书文化中心，作为爱书写诗的文人路寒袖是怎么描写德国的呢？作者以主语云、雨、书贯穿全诗，并赋予这三个名词以丰富的动词来描绘，再配以形容词对之加以润色。从而形成了一种动态意象，显示着作为世界图书文化中心的德国繁荣而繁忙的景象。这种表达融知识与想象为一体，形成了具体与抽象的交错，时间与空间的结合，具有高度的综合性。从作者对动词的选择上看，云“集结”港口，“鼓胀”着脸“批判”康德；雨“清洗”愤怒的情绪；书“乘”着贸易的风，“张开”翅膀“飞”来“通婚、交配、繁殖”。这些主干动词矫健有力，把静态的物象变成动态的意象。这些意象丰富、立体，形成了三维空间。云、雨、风，这些都是我们身边再熟悉不过的自然景象，但是在诗人路寒袖的笔下，却变成了人，书变成了长着翅膀的鸟。再加上形容词短语“纯理性的”、“迅雷不及掩耳的”、“愤怒的”构成的一系列意象，组合成一幅动态的、紧张的、富有节奏感的图景，从而传达了作者对德国这个繁忙的世界图书文化中心的一种深切感受。作者借助语义学和诗思的迂回把本体论、认识论和方法论

48 路寒袖.《忘了，曾经去流浪》[M]. 新北：远景出版事业有限公司，2009: 86。

相结合。充分利用了语言潜在的诗化基因，使抽象的符号存在成为具有形式性与结构性的感性具体存在。比如作者使用了动词"通婚、交配、繁殖"与本体"书"搭配，这种语言可以让读者透过想象创造出虚拟意象,而这些意象又具有多重层次与多重意涵,从而又创造出了更多的虚境意象空间。正如俄国形式主义者让·贝罗尔所说："要获得诗歌，必须通过词语出乎意料的组合。"路寒袖的诗歌就是对语言进行创造性的意义上的超越性解构，诗人努力摆脱常规思维，追求词语的灵活多变，标新立异，创造性地运用语言。我们再看看路寒袖的其它几首小诗。

斯德哥尔摩

我特地画了眼线
让每一扇窗都含情脉脉的
跟阳光与蓝天倾诉[49]

这首诗是作者在瑞典首都斯德哥尔摩参观Hammarby生态新城区时所拍照片的配诗。作者在参观楼群建筑时，被这种独特的建筑风格深深吸引，其强烈的色彩对比触动着作者按下了相机快门。生态新城区的安详静谧与大自然相契合，陪

49 同脚注48,245。

衬着湛蓝的天空，黄色、红色、蓝色、白色交杂，色彩绚丽但不流入俗套的色彩搭配装点着整幢建筑。就像一个个端庄又带点妩媚的女子，在列队欢迎所有参访者。作者选用了女性常用的化妆品词语——眼线，作为诗文的主线，为后文做铺垫。眼线的作用想必每位女性都晓得：使眼睛更深邃动人，神采飞扬，富有立体感，使双眸变得灵动富有活力。选用不同的色彩和画法，可以造出妩媚妆，清新妆和温柔妆。正因为作者用了“眼线”这个词语，所以这条“眼线”所打造出来的“眼睛”才能够“含情脉脉”。前文已有叙述，“窗”能够作为沟通人与外界的媒介而存在。而这里的“窗”却作为行为主体，直接与外界“阳光”和“蓝天”沟通。“窗”在作者笔下成为了“眼睛”，好像一个个温柔多情的女子对着恋人用眼神传递着爱慕之情。类似的还有下面这篇：

斯德哥尔摩

天空是如此的忧愁
铅灰的心事
一层又一层
让我洗得泪流满面[50]

50 同脚注48,217。

这首诗是作者参观斯德哥尔摩市政厅后乘坐大巴前往下一个目的地时，天空乌云密布，对雨天的描写。作者选用了“忧愁”这个词，将天空拟人化。因为人只有在“心事”繁重，“忧愁”得不堪重负的情况下才能够“泪流满面”。诗文开篇就已经被作者定格于“忧愁”，选词精确，虽没有华丽的辞藻做装饰，却能使读者感同身受。天空厚重的乌云层层迭迭，积累到一定程度，云承载不了的时候，水气方能化作雨滴滴落下来。这就彷佛在描写一个人的心理承受能力一样。当一个人承受了太多的压力与负担，却无处缓解卸除的时候，所有内心深处的委屈与痛楚达到顶点，便会化为泪水，顺着脸庞流落。这种将具体事物拟人化，由具体到抽象的描写手法的成功运用，选词功能功不可没。再比如：

梵谛冈

天好亮
我的思念彷佛雕像
全都站到阳台晒太阳
以便
储存想妳的能量[51]

51 路寒袖.《何时，爱恋到天涯》[M]. 新北：远景出版事业有限公司，2009：258。

读者读完这首诗就会得出一个结论——"思念"晒太阳就可以储存"能量"。人类所需能量的绝大部分都直接或间接地来自太阳。植物通过光合作用释放氧气、吸收二氧化碳，并把太阳能转变成化学能在植物体内贮存下来。水能、风能等也都是由太阳能转换来的。作者把"思念"比作太阳能，他对爱人的思念就像"太阳能"一样，只要有太阳，只要能晒到太阳，我对你的思念就源源不绝。我们都知道，太阳是永远不会消失的。太阳能又是可再生能源，资源丰富，既可免费使用，又无需运输，对环境无任何污染，有巨大、长久的特性。诗人创造性地组织语言，将"思念"这种看不见摸不到的抽象感念，以词语出乎意料的组合成为让人过目不忘的诗歌。同时将环保绿色理念放入诗中，既使诗文简洁易懂，又在词语的运用上标新立异，让人耳目一新，可谓是一举多得。这些诗文在作者笔下并不是一种静态语言学的单纯表象，而是语言转换成为一种动态的表述过程。

艺术品的长久魅力在于其独创性，无论是传统诗词还是现代诗歌，一经诗人艺术洗涤，所呈现的皆是充溢着文学审美上的诗性美。作者的这种超常的错位搭配使客观事物感情化，具有特殊的表现力，使人耳目一新。为了表达特殊的体验与感情，诗人创造不合常规的奇异搭配的语句，以取得较理想的修辞表达效果。充分表现了作者想象的独特和用词的精巧。诗人路寒袖的诗歌想象奇特，意象繁富，辞采丰美，奇喻巧拟纷至沓来，妙语佳句接踵而至，可以说，路寒袖已经能够将辞格运用得极其灵活，各种辞格既像是信手拈来的，读之却又是那般妥帖。这些唯美贴切生动的诗文，再配以与诗文相契合的图片，成就了路寒袖的摄影诗集。

Ⅳ. 路寒袖诗作的视觉艺术美学分析

诗人路寒袖将摄影美学与文学相结合，图文并茂地向我们阐释了人世间永不止息的爱和希望，印证了恒久坚持的对自然和人世的爱、美及信仰。这种照片与诗的相互诠释就像路寒袖在自序中说的那样："举起相机，从观景窗望出去，有如意象闪烁的诗句，每一次的镜头捕捉，惦念的不只是影像的感光，还有，诗篇的成形。"《忘了，曾经去流浪》共收录路寒袖行旅于荷兰、德国、瑞典、丹麦欧洲四国的摄影作品250幅，从最现代化的建筑到古意盎然的欧洲街景，每一幅照片的刹那补捉，其完美的构图与光影的呈现都考验著作者的摄影功力，其中110幅更搭配路寒袖最擅长的抒情短诗，语句虽短却意象鲜明，从中可见诗人的深厚根基。在照片与诗文的相互辉映下，读者可以从诗人的眼与镜头中看到从图片上所看见的诗人不一样的内心世界，值得读者细细品味与流连。因为人们的认识是基于对客观世界的感知，这种感知渗透着主观性因素，从而导致人们认知上的可能差异。也即是说，文化背景、教育背景、社会阅历等因素的差异都会导致读者在阅读诗文时产生认知上的不同。同一篇诗文不同读者的阅读感知就会不同。但配以图片的诗文能够更好地缩小读者认知上的差异，使读者在阅读诗文的同时，在视觉上和感觉上都能感受到图片所传递出来的美。德国接受美学家伊瑟尔就提出"召唤结构"这一概念，倡导读者对作品进行再创造、再加工。阅览路寒袖的这两部诗集，作者镜头下的欧洲，有划时代的惊世建筑、也有经历风霜却历久常新的古迹；在图书馆目睹智能汇集的气韵，在公园路边感受不慌不忙的怡然。既让读者看到了各国文化保育的成果，又能启发读者思考如何为旧设施注入活力。《何时，爱恋到天涯》是路寒袖继《忘了，曾经去流浪》之后的第二本摄影诗集，书中影像内容集中于意大利的热内亚、米兰、维洛纳、威尼斯、佛罗伦萨、奥维亚托、罗马及范蒂冈等近十座城市，并配以各式情诗一百二十首。这本以"爱情"为主题的摄影诗集，诠释了作者丰沛绵密的情感。"一张照片，从空间构图到光影捕捉，或妍丽或阴翳，或纪实或抽象，既容得下整座玉山，也可只取一粟入镜。而诗，则藉由字词的组合交错，以铺陈情感的跌宕与奔流。这两者的成形，都早早取决于内心的快门与光圈的巧妙搭配。"[52] 路寒袖所说的"快门与光圈的巧妙搭配"其实就是视角的选取(perspective-taking)。

52 路寒袖,《路过》,自序。

“视角”(perspective)一词源于拉丁语(perspectiva)，原义是“透视”(looking through)。现在“视角”本身已经隐喻化了，指人们看待或描述某一事物的方式。在交际过程中，我们会选择某一特定的视角来表达想要表述的内容，视角是言者/作者确立预设的重要组成部分。通常言者/作者会期望听者/读者接受他们的视角，这就是默认(presupposition)。视角通常会在交际双方交流的过程中自动地确立。从理论上来说，确立的视角会影响到听者/读者的反应，而实际上也的确如此。视角在确定模棱两可的情景时，其作用更为突出。视角体现在摄影作品上，就是摄影师捕捉到他自认为美，给他以震撼，想用摄影记录/保留的珍贵的瞬间。而摄影时所选取的拍摄角度就是摄影师的视角。观赏摄影作品的人们会不由自主地受到这些摄影作品的影响，引起观者的一些共鸣，这就是体现在摄影作品中的默认，也就是作品给人的视觉印象。路寒袖的诗集《忘了，曾经去流浪》是先从德国法兰克福进入欧洲，再搭高速铁路抵科隆，随即转往荷兰正式展开，而后德国、丹麦，最后结束于瑞典。而《何时，爱恋到天涯》则先后游览了热内亚、米兰、维洛纳、威尼斯、佛罗伦萨、奥维亚托、罗马和梵谛冈。诗人一路“用想要留下什么的眼睛凝视着车窗外的风景，那些匆匆擦肩而过的行人，那匆匆擦肩而过的街道，匆匆擦肩而过的时光。”[53] 期间的所见、所闻、所感、所思，作者都用其独特的视角将之蕴含在这两部摄影诗集的照片中了。这些照片带给读者的视觉冲击和震撼，就是一种艺术美的展现。此时，作为隐性交流(covert communication)[54] 工具的一张张照片，以及每张照片所蕴含的视觉隐喻就被路寒袖完美地展现在他的摄影作品中了。从路寒袖的摄影诗集中我们不难看出，诗人在众多照片中选取符合诗文深意的照片时所花费的心思。诗人通过选取不同的视角来达到突显某一内涵的目的。把不同角度所拍摄的照片用在不同的诗文中来表述的方式是因诗人想要传递的视角的不同而异。也就是说，同一首诗配合不同的照片，所表达出来的意思就可能会有所不同。这是因为诗人在进行照片选择的过程中通常都是突显某种事物的某一方面和特性，诗人通过选择不同的照片向读者呈现了不同的视角，给读者以不同的视觉感受。例如《米兰》：

嘘——
请小声一点
我正拥抱着死亡
倾诉[55]

53 路寒袖，《路过》，自序。

54 Velasco-Sacristán & Fuertes Olivera (2006) 讨论了嗅觉隐喻和混合嗅觉隐喻 (olfactory and olfactory-mixed metaphor)，转引自束定芳．近10年来国外认知语言学最新进展与发展趋势[J]．外语研究，2012(1):36-44。

55 路寒袖．《何时，爱恋到天涯》[M]．新北：远景出版事业有限公司，2009:

同样一首诗，如果读者看到的照片是人体从高处坠落的瞬间，或者是一个站在悬崖边上的女子，就会产生认知差异。阅读过程中读者的脑海中也许会浮现出这样一幅画面：一位殉情的女子正在死亡线的边缘徘徊，她正向死神倾述着与某个男人的爱情故事……。但是如果配以诗集中的照片再阅读这首诗的时候，很明显就会知道一些讯息：作者是在观光墓园拍得的这张照片，是活着的人对死去的人的一种怀念，或者说想念，死去的人与活着的人必定非亲即友，以至于在其中一位死后，还要跑来墓地与他倾述。正是诗文所配的这幅图片，恰如其分的打消了因缺少图片的阅读而产生的认知上的差异。而配以照片的诗文足以“让人在热恋、情伤之余，低回再三”[56]。再比如《热内亚》：

昨夜的欢愉，已如
背后大理石般的冰冷
妳抽着烟取暖
我则低头沉思
该如何打破这个僵局[57]

76。

56 赖芳伶.《何时，爱恋到天涯》推荐序。

57 同脚注55,34。

诗文语言平淡朴素，有如叙事般的描写，刻画了男欢女爱后的一种状态，平淡无奇。但诗人为这首诗附配上的是一幅欲言又止的凝滞画面。捕捉到的是俩张既熟悉又陌生面孔下内心的纠结与矛盾，虽表面上看似平静，内心却犹如波涛海浪，翻腾不休。作者选取这种摄与视角来拍摄，是为了达到突显现代社会年轻人对待爱情观的目的。抓拍的这一画面的两个人的表情瞬间，旨在描述浮世情爱除了甜蜜外还有着无奈、沧桑与悲哀。这些照片所衍生出的"如生活的艺术"观,引人反思诗歌语言与图像照片间的夏杂关系。那么照片传递给读者的视觉信息就显得非常重要了。视觉是光作用于视觉器官，使其感受细胞兴奋，其信息经视觉神经系统加工后便产生视觉(vision)。也就是物体的影像刺激眼睛所产生的感觉。从人类文化的开始到现在，人类通过自身创造的视觉形象来传达信在今天被我们称之为"视觉艺术"。它们对人类历史文化的传承和人们的精神生活都有着深远的影响。视觉艺术(Visual Art)不同于听觉艺术，它强调真实性，是看的见的艺术。路寒袖这两部诗集作品的主要基调是"爱与美",主要描写作者对爱情与人生的思考。作为一名摄影爱好者，路寒袖有他独特的视角，加之他在文学与美学方面的造诣,促使他在生活中可以用敏锐的感觉把他随时感受到的美尽收眼底并诉诸于笔端。这些都与他作为摄影爱好者对于美学的独特感悟是分不开的。美是一种主观感受， 是将客观对象与主观心智相结合所产生的一种期望，而文学必然与审美结合。以敏锐的心灵观察世界和生活就必须用“诗意”的眼光。视觉艺术作为一种传达信息的“语言”，与我们平常使用的口头语言和书面文字一样有其自身的结构与规则。如果我们想通过自己的眼睛去理解和领会视觉艺术所传达的信息与意味，必须在一定程度上能够认识和感受视觉形象语言。既然视觉艺术是社会对话的一种形象语言，那么对话的双方对同样的形象符号所代表的社会内涵必须具有基本相同或相似的认识或一定程度上的基本认同，这就要充分考虑作者拍照时所选取的素材、背景、视角以及作者想要呈现给读者的视觉感受了。

Ⅴ. 结语

诗歌语言艺术美要遵循两个基本原则：一个是以语言为本位的原则，如语音、词汇等的修辞特点；一个是以美学、心理学等学科为基础的研究原则。诗歌语言的修辞美特征是综合运用语言的各种要素所形成的审美效果。路寒袖在词汇的选择与使用上，总体来说是将词语加以违反常规的使用，使语用错位，使原有语义变形、扩张，把逻辑上不相干，甚至对立的词语连结在一起，使之相互作用碰撞，在相互碰撞的不协调中产生审美效果。他把玩词语，把静态的物象变成动态的意象，再配以形象生动的形容词构成一系列意象，组合成一幅幅使人如临其境的图景。诗人又采用隐喻表现手法，生动形象地揭示了所要表征物象的具体特征，也反映出诗人内心的特殊感受，十分传神。此外，路寒袖还大量运用了语法手段，包括有象征意义的固定词语的运用，不同句式的使用，关联词语的运用和意义凸显。很口语化，也很生活化，使诗文阅读起来具有一种亲和力，如友人与你娓娓道来，亦如爱人在耳边喃喃细语。诗文再配以传神、契合语篇的照片，更使读者在阅读过程中产生强烈的共鸣，因诗文所呈现出来的意象而激情澎湃，心情随之跌宕起伏。“诗影合一”，可以说是工业社会传播手段的发展对诗的影响。路寒袖的这种锐意进取、不惮尝试的精神给诗坛带来了新气象，这是值得赞许的。这种诗影结合的方式使读者觉得诗与人的距离不再那么遥远，随时可有与诗亲昵的可能。特别是路寒袖摄影诗集中的语言形象化，富有表现力，既准确又精炼，准确传达了作者的思想情绪，在读者心中构成了鲜明的形象。

这篇论文从语法和语义角度切入，结合美学，对诗人路寒袖的这两部摄影诗集进行了细致深入地研究和分析。我们认为，以认知语言学理论结合美学的视角对台湾诗人路寒袖的这两部摄影诗集进行的艺术美学研究将对文学作品研究作出独特的贡献。最后，以格雷厄姆·霍夫(Craham Hoff)《现代主义抒情诗》文中的一段话来结束这篇讨论：“诗歌最充分的表现不是在宏伟的，而是在优雅的、狭窄的形式之中；不是在公开的言谈，而是在内心的交流之中；或许根本就不在交流之中。”[58]

58 格雷厄姆·霍夫(Craham hoff).《现代主义抒情诗》[M]. 转引自马尔科姆·布雷特伯里(M·Bradbury)，詹姆斯·麦克法兰(James Mcfarlame)编《现代主义》[M]. 胡家峦等译转. 上海: 上海外语教育出版社, 1992:285。